Armin Krenz

Die Konzeption – Grundlage und Visitenkarte einer Kindertagesstätte

Hilfen zur Erstellung und Überarbeitung von Einrichtungskonzeptionen

Herder Freiburg · Basel · Wien

Im Verlag Herder sind vom Autor außerdem folgende Bücher
erschienen:

praxisbuch kindergarten:
Entwicklung und Lernen im Kindergarten – Psychologische
Aspekte und pädagogische Hinweise für die Praxis (zusammen
mit H. Rönnau), 6. Aufl. 1996

konzeptbuch kindergarten:
Der „Situationsorientierte Ansatz" im Kindergarten –
Grundlagen und Praxis, 11. Aufl. 1997
Kompetenz und Karriere – Für ein neues Selbstverständnis
der Erzieherin, 2. Aufl. 1995

kindergarten-hort-schule:
Bewegung im „Situationsorientierten Ansatz" – Neue Impulse
für Theorie und Praxis (zusammen mit R. Raue), 2. Aufl. 1997

Erzieherin heute:
Was Kinder brauchen – Entwicklungsbegleitung im
Kindergarten, 2. Aufl. 1997

Handbücher:
Handbuch Öffentlichkeitsarbeit – Professionelle Selbstdarstellung für Kindergarten, Kindertagesstätte und Hort, 1. Aufl. 1997

Herder/Spektrum:
Seht doch, was ich alles kann! 3. Aufl. 1996
Kinderfragen gehen tiefer, 3. Aufl. 1996

Reihe Lebenshilfe:
Was Kinderzeichnungen erzählen, 3. Aufl. 1997

Anschrift des Autors:
Dr. Armin Krenz
Fachbereich Elementarpädagogik
Institut für angewandte Psychologie und Pädagogik
Alter Markt 14
D – 24103 Kiel

Einbandfoto: Hartmut W. Schmidt

3. Auflage
Alle Rechte vorbehalten – Printed in Germany
© Verlag Herder Freiburg im Breisgau 1996
Satz: Barbara Herrmann, Freiburg
Belichtung: Johannes Schimann, Ingolstadt
Druck und Bindung: Freiburger Graphische Betriebe 1998
ISBN 3-451-23630-3

Inhalt

Widmung

Während der Zeit des Schreibens an diesem neuen Buch gab es sehr viele Augenblicke, die mit Rückbesinnungen und sehr freundlichen Gedanken an Menschen verbunden waren, die sowohl indirekt als auch direkt am Entstehen dieser Veröffentlichung beteiligt sind. Diesen Menschen danke ich sehr!

Zum einen ist es Frau Lesaar, die im Lektorat „Kindergartenpädagogik" des Herder-Verlages tätig ist und mich in allen Belangen von Fragen und Klärungen personzentriert und fachkompetent unterstützt (hat).

Zum anderen sind es TeilnehmerInnen und Teilnehmer sowie Veranstalter von Seminaren, die einen bleibenden, sehr angenehmen Eindruck bei mir hinterlassen haben:

Frau Pester, Fachberaterin im Jugendamt Jena, die für eine fachorientierte Kindergartenpädagogik eintritt;

Frau Montag, Fachberaterin im Jugendamt des Landkreises Mansfelder Land in der Lutherstadt Eisleben, die voller Engagement fachkompetente Fortbildung organisiert;

Frau Engel-Hüttermann, Fachberaterin des Kirchenkreises Hamm, die ein Seminar auf die Beine gestellt hat, von dem mir der Abschied ebenso schwergefallen ist wie der Abschied vom Team der Kindertagesstätte der Lebenshilfe e.V. in Erfurt, mit dem ich unvergeßliche Fortbildungstage erleben durfte.

Ich denke an das engagierte Leitungsteam der Kindertagesstätte Barmstedt, die ergreifende Arbeit der Studentin Eva (Universität zu Köln, Heilpädagogische Fakultät), den hohen Einsatz von E. Vatterodt aus Vechta bei der Planung und Durchführung sehr anspruchsvoller Fortbildung für ErzieherInnen, den Landkindergarten Bevenrode, der einen hervorragenden Elternabend organisiert hatte, die Fortbildungsgruppe 8/95 im Landeskrankenhaus Königslutter (zum Situationsorientierten Ansatz), die engagierte Erzieherin Ingrid aus Oschersleben, Kirsten aus Aabenraa (DK), die voller Einsatz und Mut eine weitere Verbesserung der Kommunikationskultur in ihrem Tätigkeitsbereich initiiert hat und schließlich an Bärbel, die Sekretärin in unserem Institut, die im Gegensatz zu mir den vollen Überblick behält.

Vorwort

Während einer ganzen Reihe unterschiedlicher Seminare, an denen ErzieherInnen, SozialassistentInnen, KinderpflegerInnen und SozialpädagogInnen teilgenommen haben, kamen immer wieder Fragen zur Notwendigkeit, Bedeutung, und auch zur möglichen Gefahr einer Festlegung von/durch Konzeptionen zur Sprache. Zwar wurde auf der einen Seite betont, daß Konzeptionen dabei helfen können, einen gemeinsamen Weg in der Kindertagesstättenpädagogik zu beschreiten, auf der anderen Seite wurden aber auch Bedenken geäußert, daß Konzeptionen zu einer Starrheit in der Arbeit führen können und Spontanitätswünsche unterdrücken. Beispielhaft seien daher an dieser Stelle einige Aussagen wiedergegeben:

- „Wir arbeiten nun schon seit über einem Jahr an unserer Konzeption, und letztlich kommen wir nicht weiter. Alles wird problematisiert, und dadurch beißen wir uns immer wieder an denselben Punkten fest. Das macht keinen Spaß."
- „Wenn ich daran denke, mit wieviel Eifer und Sorgfalt wir in unserem Team an eine Konzeptionserarbeitung gegangen sind und versucht haben, auf einen gemeinsamen Nenner zu kommen, dann kann ich es im Nachhinein nur bewundern. Wir wußten, daß es schwer wird, aber in dieser harten Konsequenz haben wir es uns nicht vorgestellt."
- „Konzeptionen sind für alle Einrichtungen notwendig. Da gibt es gar keine zwei Meinungen. Die Schwierigkeit bei uns im Team lag darin, daß wir zwei Gruppen in unserer MitarbeiterInnenschaft sind. Und da geschah es des öfteren, daß weniger die Inhalte im Vordergrund standen, sondern vielmehr ein kleiner ‚Beziehungskrieg'. Einige der MitarbeiterInnen wollten anderen KollegInnen eins auswischen, und so gab es häufig Ärger. Fast hätten wir die Konzeptionserarbeitung abgebrochen, aber mit viel Mühe gelang es uns doch, unsere angefangene Arbeit zum Wohle aller zu beenden."
- „Jeder Betrieb hat eine klare Zielrichtung, warum er bestimmte Aufgaben erfüllt und mit welchem Aufwand er zum Ziel kommen möchte. Was für einen Handwerksbetrieb oder auch für größere Unternehmen gilt, hat sicherlich in gleichem Maße für Kinderta-

gesstätten ebenfalls eine Gültigkeit. Ich finde es daher gut, daß wir in unserem Bundesland (in diesem Fall Niedersachsen, der Autor) durch das Kindertagesstättengesetz die rechtliche Verpflichtung haben, eine Konzeption für die Einrichtung zu schreiben."

- „Das Wort ‚Konzeption' kann und will ich wirklich nicht mehr hören. Wenn ich heute daran zurückdenke, bekomme ich sofort Magenschmerzen. Sicherlich – Konzeptionen müssen vorhanden sein, damit jeder weiß, wo der Weg langgeht. Aber bei uns war es so, daß viel schmutzige Wäsche aus der Vergangenheit gewaschen wurde. Da kamen Ereignisse und Erlebnisse einzelner zum Vorschein, die schon über Jahre zurücklagen und wir uns kaum daran erinnern konnten. Gleichzeitig waren manche Vorfälle wohl so eindrucksvoll und schmerzhaft für bestimmte KollegInnen, daß es ihnen jetzt bei der Konzeptionserarbeitung darum ging, ihren Ärger oder ihre Traurigkeit zu thematisieren und zu bearbeiten. Sicherlich hat es was gebracht, doch so richtig hätten wir an Klärungen noch länger arbeiten müssen. Das wollte aber kaum einer von uns."

- „Ich würde *jederzeit* wieder eine Konzeption erarbeiten. Dadurch haben wir sehr viel Klarheit für uns selber, für unseren Umgang miteinander und für die Gestaltung der Arbeit gefunden. Wir sind nicht zuletzt *durch* die Konzeptionserarbeitung zu einem ‚richtigen Team' zusammengewachsen. Bis heute profitieren wir *alle* davon."

- „Eigentlich brauchen wir keine Konzeption. In unseren Teamtreffen sprechen wir alles Wesentliche an, und dann arbeitet jeder in seiner Gruppe weiter. Natürlich fällt uns auf, daß bestimmte Absprachen nicht immer von allen eingehalten werden, aber das kriegen wir auch irgendwie hin."

- „Eine Konzeption lehne ich grundsätzlich ab. Das bedeutet doch, daß wir alle nach einem gleichen Schema arbeiten müssen, und dabei gehen Flexibilität und Spontanität verloren. Das ganze Menschliche bleibt auf der Strecke, und da wir Individuen sind, hat nach meinem Verständnis jeder das Recht, nach eigenen Überzeugungen zu arbeiten. Ich lasse mich nicht durch eine Konzeption einschränken. Lieber würde ich kündigen und mir einen anderen Arbeitsplatz suchen."

- „Die Erarbeitung einer Konzeption war und ist bis heute für mich die *wichtigste* Fortbildung überhaupt, die ich mir vorstellen kann. Endlich haben wir als Team einen Weg gefunden, offene Fragen zu klären, Begriffe in der Pädagogik mit Inhalten zu füllen und genauer zu wissen, welche Ziele wir haben und was jeder von uns dafür machen muß. Ich wünsche allen pädagogischen Fachkräften in Kindertagesstätten eine ähnlich gute Erfahrung, wie wir sie gemacht haben."

● „Das Wichtigste bei einer Konzeptionserarbeitung war für uns als Team nicht so sehr der inhaltliche Aspekt. Natürlich spielte der auch eine Rolle. Wesentlicher war dagegen der Punkt, daß *wir als Team* zusammengefunden haben. Erst jetzt betrachten wir uns nicht nur als eine Einheit; wir fühlen uns auch so. Daraus leiten wir ganz viel Kraft für unsere Arbeit ab und müssen nicht mehr darauf achten, wer in bestimmter Art was zu wem sagt, wer vielleicht besser oder schlechter mit bestimmten MitarbeiterInnen umgeht oder wieso bestimmte Dinge nicht klappen konnten, weil unter Umständen Beziehungsstörungen vorlagen. Die Konzeptionserarbeitung hat uns von vielen Spannungen befreit, und deshalb können wir auch inhaltlich gut arbeiten."

Diese Beispiele mögen genügen, um einiges zu verdeutlichen:

a) Offensichtlich löst der Begriff „Konzeption" sehr unterschiedliche Reaktionen aus.

b) Es gibt pädagogische Fachkräfte, die sich sehr zufrieden, glücklich, ja, fast euphorisch über die „Erarbeitung einer Konzeption" äußern, und andere wiederum stehen vorsichtig, auch skeptisch einer Konzeptionserarbeitung gegenüber.

c) Konzeptionserarbeitungen berühren *immer* den ganzen Menschen – als Person und Fachfrau, auf der Inhalts- und Beziehungsebene. Dasselbe gilt für die unterschiedlichen Zeitdimensionen der „Vergangenheit", „Gegenwart" und „Zukunft".

d) Die Erarbeitung einer Konzeption hat *immer* eine emotionale Auswirkung. Sie kann eine Person befreien, indem eine neue Klarheit, eine festere Sicherheit entsteht. Sie kann aber auch als eine emotionale Einengung erlebt werden, wenn Vorurteile oder Abwehrmechanismen zum Tragen kommen. Das hat allerdings nichts mit dem Thema „Konzeptionserarbeitung" zu tun; vielmehr handelt es sich bei den auftretenden Schwierigkeiten entweder um Schwierigkeiten auf seiten der betreffenden Person oder um Unzulänglichkeiten bei der gewählten Form des Vorgehens bzw. um falsch gesetzte (Teil-)Ziele.

Dieses Buch möchte allen (sozial)pädagogischen Fachkräften in Kindertagesstätten und vergleichbaren Einrichtungen klare Hilfestellungen dabei geben, eine individuelle Einrichtungskonzeption zu erarbeiten. Damit wird das Ziel verfolgt, denjenigen Fachfrauen/-männern zur Seite zu stehen, die

- eine Entscheidung für eine Konzeptionserarbeitung treffen möchten,
- eine Einrichtungskonzeption planen und schriftlich fixieren wollen,
- eine schon bestehende Konzeption reflektieren und überarbeiten möchten.

Es kann nicht ausgeschlossen werden, daß beim Bearbeiten des Buches wesentliche Fragen auftreten, die weder in der MitarbeiterInnengruppe noch in einem Arbeitskreis beantwortet werden können. Der Autor erklärt daher gerne seine Bereitschaft, in besonderen Angelegenheiten bei Bedarf kurz schriftlich zu antworten.

Möge das Buch entschieden dazu beitragen, daß sich immer mehr (sozial)pädagogische Fachkräfte dafür entscheiden, eine fachkompetente und unverwechselbare Einrichtungskonzeption zu verfassen – im Interesse aller MitarbeiterInnen, der Kinder und Eltern, des Trägers und einer großen Öffentlichkeit.

Armin Krenz

1. „Konzeption" – Bestimmung eines vielschichtigen Begriffs

Eine Befragung von MitarbeiterInnen aus Kindertagesstätten, die gebeten waren zu erklären, was sie unter dem Begriff „Konzeption" verstehen, brachte ebenso viele Erläuterungen zutage, wie sich Personen dazu geäußert hatten. So hieß es z. B.:

- „In unserer Konzeption haben wir festgehalten, welche Ziele unsere Arbeit verfolgt und wo der Schwerpunkt unseres Kindergartens liegt."
- „Wir wollen damit den Eltern verdeutlichen, was sie von uns MitarbeiterInnen bezüglich unseres Selbstverständnisses zur Arbeit erwarten können und was nicht."
- „Im Grunde genommen haben wir in unserem Konzept alles das aufgeschrieben, was uns wichtig war und wie wir gerne arbeiten möchten. Sicherlich kann man nicht alles erreichen, aber vieles wird doch deutlich gemacht."
- „Unser Konzept, das von der Leiterin geschrieben wurde, legt offen, wie wir arbeiten sollen. Es ist eine Art Absichtserklärung, an die wir uns als MitarbeiterInnen halten müssen."
- „Eine Konzeption ist so etwas wie ein Wegweiser. Dabei werden zwar allgemeine Grundsätze erklärt, doch haben wir MitarbeiterInnen dabei auch die Möglichkeit, unsere eigenen Schwerpunkte zu setzen. Eine Konzeption ist kein Korsett, durch das man eingeengt wird. Dabei würde nämlich alle Lebendigkeit verlorengehen."
- „Konzeptionen sind die Zusammenfassungen von Wünschen der MitarbeiterInnen, welchen pädagogischen Ansatz man im Kindergarten umsetzen möchten. Daran können sich alle orientieren, die sich mit der Pädagogik näher beschäftigen möchten."
- „Eine Konzeption will beschreiben, wozu die Kinder den Kindergarten besuchen. Wir MitarbeiterInnen erhalten dadurch eine Richtschnur, die uns Orientierung gibt. Das ist auch notwendig, um zu einem gemeinsamen Arbeitsverständnis zu finden und damit nicht jeder das machen kann, was er will."
- „Konzeptionen sind inhaltliche Gefängnisse. Sie schreiben die Arbeitsweisen vor und sorgen für eine Gleichschaltung der Unterschiedlichkeiten von Sichtweisen. Unsere Einrichtung lehnt daher eine Konzeption rundweg ab."

Diese kleine Auswahl von Beschreibungen mag genügen, um aus den Antworten grundsätzliche Aussagen zu ziehen:

1. Eine allgemeine Definition des Begriffes ist bei diesen Antworten nicht zu finden.
2. Konzeptionen umfassen für die einen die Nennung von Zielen und Aufgaben, für die anderen beinhalten sie die Aufführung von Arbeitsschwerpunkten.
3. Konzeptionen dienen den einen MitarbeiterInnen dazu, ihr Selbstverständnis zu verdeutlichen, andere nennen das primäre Ziel, sich von Erwartungen abzugrenzen.
4. Eine Konzeption will das Gesamtfeld der Elementarpädagogik umfassend erklären.
5. Konzeptionen dienen als Arbeitsanweisung (durch die Leiterin) für die MitarbeiterInnen.
6. Die Begriffe „Konzeption" und „Konzept" werden als gleichwertig angesehen.
7. Eine Konzeption geht näher auf den pädagogischen Ansatz ein, der im Kindergarten realisiert werden soll.
8. Für die einen ist eine Konzeption eine Absichtserklärung, für die anderen eine inhaltliche Verpflichtung.
9. Konzeptionen werden aus dem Grunde abgelehnt, weil die Sorge besteht, daß eine festgesetzte Verpflichtung persönliche Freiräume ausgrenzen könnte.
10. Konzeptionen werden als Richtschnüre, Orientierungspunkte oder Wegweiser verstanden, die den Mitarbeiterinnen eine individuelle Entfaltung zugestehen.

Aufgrund der Vielfalt der Aussagen und einem damit verbundenen Mißverständnis des Begriffes „Konzeption" soll an dieser Stelle der Versuch unternommen werden, eine allgemeingültige Definition zu treffen.

Zunächst geht es nur um die Definition, danach um die Ausführung der einzelnen Aussagen, damit nicht der Eindruck entstehen kann, es handele sich um eine willkürliche Beschreibung oder Festsetzung von eigenen Maßstäben.

„Eine Konzeption ist eine schriftliche Ausführung aller inhaltlichen Schwerpunkte, die in dem betreffenden Kindergarten/einer Kindertagesstätte für die Kinder, die Eltern, die MitarbeiterInnen selbst, den Träger und die Öffentlichkeit bedeutsam sind. Dabei spiegelt die Konzeption die Realität wieder und verzichtet auf bloße Absichtserklärungen. Jede Konzeption ist damit individuell und trifft in ihrer Besonderheit nur für diese spezifische Einrichtung zu, um das besondere Profil zu verdeutlichen und unverwechselbar mit anderen Institutionen zu sein. Ihre Aussagen sind für alle MitarbeiterInnen verbindlich."

Was bedeutet das nun im einzelnen?

a) Zunächst geht es um den Begriff „**Konzeption**" im Unterschied zu dem Wort „Konzept". Letzteres ist ein Entwurf bzw. angedachter Plan, der eine Richtschnur für diejenigen sein kann, die ihm eine Bedeutung geben. Eine Konzeption hingegen ist ein fester Entwurf eines Werkes, der darüber Auskunft gibt, wie **tatsächlich** gearbeitet wird.

b) Eine Konzeption ist immer eine **schriftliche** Fassung der Gedanken und Absichten, wie nach dem Inkrafttreten dieser Konzeption die Gestaltung der Pädagogik vorgesehen ist.

c) Dabei umfaßt eine Konzeption **alle inhaltlichen Schwerpunkte**, die sowohl im Innenverhältnis als auch im Außenverhältnis von Bedeutung sind. Die Konzeption ist daher ein **umfangreiches** Werk, das allen Beteiligten Auskunft über die Besonderheiten dieser Einrichtung gibt.

d) Die Konzeption erfaßt **Realitäten** – das, was ist/sein wird, und nicht, was sein soll(te) oder muß/müßte. Anders ausgedrückt heißt das, daß eine außenstehende Person eine Konzeption lesen könnte und beim Eintritt in die Einrichtung genau das vorfindet, was verständlich und ausführlich beschrieben wurde.

e) Da eine Konzeption von **allen MitarbeiterInnen** in einer gemeinsamen Arbeit erstellt wird, ist das Ergebnis immer ein **individueller Prozeß** dieses Teams. Die Konzeption trägt gleichsam die individuelle Handschrift aller Beteiligten. Alle Inhalte sollten daher weder aus irgendwelchen Büchern abgeschrieben noch von anderen Konzeptionen übernommen sein.

f) Dadurch hat sich die Einrichtung ein **unverwechselbares** Profil geschaffen, das nur für diese Institution zutrifft und damit in ihrer Besonderheit ihre Arbeit spezifisch gestaltet.

g) Konzeptionen haben für alle MitarbeiterInnen einen **verbindlichen Wert**, bei dem es nicht darum geht, daß MitarbeiterInnen sich an die getroffenen Aussagen halten können. Eine Konzeption unterliegt daher nicht der Beliebigkeit oder Willkür einzelner; sie verpflichtet zur Realisierung der getroffenen Aussagen.

h) Da eine Konzeption ein **Spiegelbild der Realität** ist, versteht es sich von selbst, daß bei der Veränderung von Realitäten auch eine Überarbeitung der Konzeption nötig wird. Sie trägt daher nur eine **zeitbegrenzte Gültigkeit,** nämlich solange, wie Realitäten mit den Formulierungen deckungsgleich sind. Im Falle von Veränderungen ist auch der Teil der Konzeption zu überarbeiten, der unzutreffend geworden ist.

i) Die Verbindlichkeit der Konzeptionsaussagen wird durch die **Unterschriften** der MitarbeiterInnen, des Elternbeirates und des Trägers dokumentiert, so daß konzeptionelle Aussagen keiner willkürlichen Veränderung unterliegen können/dürfen.

k) Die Konzeption dient damit sowohl der **Verpflichtung** zur Umsetzung der getroffenen Aussagen als auch der **Möglichkeit zur Kontrolle,** um Pädagogik faßbar, greifbar und transparent zu machen.

> Nur wer weiß, was er will und was er tut,
> setzt die Schwerpunkte seiner Ziele um,
> und wird gezielt dagegensteuern,
> in Tätigkeiten zu enden, die er nicht wollte.
>
> (A. K)

1.1 Unterscheidungen der Begriffe „Konzeption" und „Konzept"

Wie schon im vorigen Kapitel erwähnt, werden die Begriffe „Konzeption" und „Konzept" häufig verwechselt.

Im Gegensatz zu einer Konzeption kann das Wort „Konzept" mit der Beschreibung eines „ersten Entwurfes, einer offenen Planung von möglichen Zielen und/oder Schwerpunkten" erfaßt werden. So verwundert es auch nicht, daß viele **Konzepte** eher sehr undifferenzierten und Absichtserklärungen ohne erklärende Beispiele nahe kommen.

Einerseits werden von MitarbeiterInnen Ziele für die Arbeit formuliert, die sich zwar in den Ohren vieler Menschen „gut" anhören bzw. gut zu lesen sind, andererseits halten die gesetzten Ziele den Zielüberprüfungen der Praxis dann aber leider nicht stand.

Beispiele: So heißt es z. B., daß „Kinder in ihrer Autonomie und Selbständigkeit gefördert werden", und gleichzeitig ist in der Praxis zu beobachten, daß viele Aktivitäten von den MitarbeiterInnen ausgehen und eine Mitbestimmung der Kinder stark eingeschränkt wird.

15

Oder: Einerseits wird der „Situationsorientierte Ansatz im Kindergarten" als Grundlage für die Arbeit genannt, andererseits sind viele Merkmale im Tagesablauf festzustellen, die deutlich einem „Funktionsansatz" entsprechen. Oder: Einerseits wird die leider zum Modebegriff gewordene „Arbeit auf der Grundlage einer ganzheitlichen Entwicklungsunterstützung", deren Aussagewert inzwischen völlig abgenutzt ist, zum Inbegriff einer fortschrittlichen Kindergartenpädagogik erhoben, andererseits wird in der Praxis des Kindergartens auf vielen Ebenen eine teilheitliche, isolierte Förderung von einzelnen Entwicklungsbereichen vorgenommen; so etwa im Sinne einer Sprachförderung, eines Turntages, schulvorgezogener Arbeiten oder gezielter Konzentrationsübungen. In diesem Fall kann weder von einer ganzheitlichen Pädagogik noch von einer begleitenden Unterstützung der Entwicklung gesprochen werden. Zu oft geht es um die Schwierigkeit, daß zwar mit Worten wohlformulierte Aussagen getroffen werden, gleichzeitig aber die Praxis diese Formulierungen deutlich widerlegt.

In der Kindergartenpädagogik – wie selbstverständlich auch in anderen (sozial)pädagogischen Arbeitsfeldern – fällt es schwer, Begriffe und Formulierungen faßbar zu machen. Aussagen in Konzepten tragen dazu bei, daß

- unklare Formulierungen die Chance bieten, sich mit individuellen Begründungen zu rechtfertigen,
- offene Beschreibungen dienlich sind, sich bei Schwierigkeiten selber aus der Verantwortung zu nehmen,
- vielschichtige Begriffe je nach Absicht der SprecherInnen subjektiv interpretierbar sind und daher nach eigenen Auslegungen für eine Stimmigkeit zusammengesetzt werden,
- ungenaue Aussagen schnell korrigiert werden können („So meine ich das aber nicht.") oder sogar aufgehoben werden (z. B.: „In diesem Fall war es unmöglich, das zu beachten."),
- bestimmte Zeitströmungen ihren Niederschlag finden, so daß aktuelle Tendenzen ‚blitzschnell' integriert werden können, ohne daß ihre eigentliche Bedeutung/ihr besonderer Wert sorgsam (!) und fachspezifisch überprüft worden wären.

Die Kindergartenpädagogik hat sich zu allen Zeiten häufig zu schnell und zu unreflektiert bestimmten (neuen) Zeitströmungen unterworfen bzw. sich an sie angehängt, ohne in der MitarbeiterInnengruppe gemeinsam, ganz genau und mit Zeit zu reflektieren und zu prüfen, ob diese oder jene Richtung überhaupt zur eigenen, aktuellen Konzeption paßt. War es für einige Jahre die bewußte Vorschulerziehung, folgte später der Schwerpunkt „Wahrnehmungsförderung" bzw. „Naturerfahrung", „Bewegungsbaustelle" oder „gesunde Ernährung".

Deshalb konnte die Elementarpädagogik schnell zu einem Spielball unterschiedlicher Interessenvertreter werden, weil sie keine Konzeption, sondern meist nur ein wie immer geartetes „Konzept" hatte. Zusätzlich war/ist es den MitarbeiterInnen des öfteren schwer gefallen, ihr eigenes Einrichtungsprofil zu dokumentieren.

Das wiederum heißt nichts anderes, als daß die reale Misere vieler Kindergärten darin zu finden ist, daß zu wenige elementarpädagogische Einrichtungen **ihr Profil, ihre Bedeutung, ihre Wertigkeit, ihren Stellenwert mit einer qualifizierten Konzeption belegen** konnten/können. Konzepte (und ihre inhaltlichen Spannbreiten) kamen damit einer Nichtexistenz von Konzeptionen gleich. Denn was nützt es, wenn Inhalte gedehnt oder Aussagen jederzeit relativiert werden können – die Wirkung ist gleichermaßen schädlich. Mit einem Beispiel kann an dieser Stelle ein Vergleich herangezogen werden: Wenn MitarbeiterInnen auf der einen Seite in einem Konzept geschrieben haben, daß „vorgezogene schulische Arbeiten nicht grundsätzlich zur Kindergartenarbeit gehören" und auf Anforderungsdruck seitens der Eltern an einem Tag in der Woche dann doch über eine bestimmte Zeitspanne Arbeitsblätter mit Kindern bearbeiten, dann ist eine solche Aussage in einem Konzept **bedeutungslos.**

Konzepte
- schaffen inhaltliche Nischen,
- ermöglichen Widersprüche,
- provozieren Abweichungen,
- bringen Uneindeutigkeiten hervor,
- beinhalten Unklarheiten,
- unterstützen Wort- und Aussagebeugungen,
- lassen deutliche Standpunkte vermissen,
- gehen an inhaltlichen Eckwerten vorbei,
- sind offene Entwürfe,
- rufen Mißverständnisse hervor und
- gehen einer klaren Transparenz aus dem Weg.

Selbstverständlich kann der eine oder andere Punkt auch auf bisherige Konzeptionen übertragen werden, doch ist eine solche Konzeption dann ein „Konzept". Es wird deutlich, daß das reine Benutzen des Begriffes „Konzeption" noch lange nicht bedeutet, daß dieser auch mit Inhalt geführt wird. Nicht alleine dafür ausreichend ist, was inhaltlich an entsprechenden Formulierungen vorgefunden werden kann/wird.

Ein weiteres Beispiel möge dies verdeutlichen: Ein Blick auf eine Speisekarte eines sehr noblen Hotels gibt zunächst nur einen Eindruck wieder, daß der Gast voraussichtlich etwas besonders Gutes erwarten kann. Gleichzeitig ist es in der Überprüfung „Speisekarte – Speiseankündigung – Preis – Speise" durchaus möglich, daß ein Preis-Leistungsverhältnis einen großen Widerspruch offenbart. Auf der anderen Seite kann eine einfache Speisekarte eines kleinen Gasthofes durchaus eine einfache Speise erwarten lassen, und beim Auftragen stellt der Gast fest, daß alle seine Erwartungen weit übertroffen werden. So ist nicht der ausgedruckte Schein einer Ankündigung entscheidend, sondern vielmehr die erlebte Realität. Das gleiche gilt für „Konzeptionen und Konzepte".

Auf den Punkt gebracht:

Merkmale einer Konzeption	Merkmale eines Konzepts
• wurde durch alle MitarbeiterInnen erstellt	• wurde von einzelnen für MitarbeiterInnen(gruppen) erstellt
• ist ein Spiegelbild der realen Arbeit	• ist eine Absichtserklärung für eine vorgesehene Arbeit/Tätigkeit
• ist verbindlich für alle	• ist eine Empfehlung für die Beschäftigten
• enthält Beispiele aus der eigenen Praxis	• nennt Standardbeispiele, die übertragen werden können
• beinhaltet eindeutige Aussagen	• schafft grundsätzliche Aussagen mit offenen Modellen
• entspricht der Aktualität	• wird zwar aktuell erstellt, läßt aber spezifische Bedingungen vor Ort außer Betracht
• enthält einen hohen Wert an Transparenz	• ist in seiner Formulierung undifferenziert bezüglich eines Anspruchs auf Transparenz
• hat durch die eigene Erarbeitung durch alle Beteiligten zur Teamfinanzierung beigetragen	• kann durch Fremderarbeitung oder Einzelerstellung nicht zur Teamfindung entscheidend beitragen
• die Aussagen in einer Konzeption haben solange Gültigkeit, wie diese der Praxis entsprechen	• die Aussagen sind Entwürfe und können durch ihre abstrakten Begriffe auch dann noch gültig sein, wenn Realitäten verändert sind

18

- eine Konzeption fordert direkt zur Einhaltung der Aussagen ein
- die Konzeption ist Teil des gültigen Dienstvertrages.

- ein Konzept bekundet lediglich den Anspruch, genannte Ziele zu verwirklichen
- ein Konzept ist als Empfehlung ohne rechtliche Bedeutung.

2. Zur Notwendigkeit der Erarbeitung und regelmäßigen Überarbeitung einer Konzeption

Kindertagesstätten und vergleichbare Einrichtungen haben in Deutschland ein hohes Maß an Freiheiten, die Arbeit mit Kindern selbständig zu gestalten. Zwar bietet das am 1. Januar 1991 nach verschiedenen gescheiterten Anläufen schließlich in Kraft getretene „Gesetz zur Neuordnung des Kinder- und Jugendhilferechts" (SGB, VIII. Buch: Kinder- und Jugendhilfe – KJHG) Anhaltspunkte für den Rahmen der pädagogischen Arbeit. Doch dabei sind die inhaltlichen Erwähnungen sehr offen und grundsätzlich gehalten. Ein Blick in den § 22 gibt z. B. folgende Auskunft:

- „Die Entwicklung der Kinder zu einer eigenverantwortlichen und gemeinschaftsfähigen Persönlichkeit soll gefördert werden;
- das Angebot soll sich pädagogisch und organisatorisch an den Bedürfnissen der Kinder und ihrer Familien orientieren."

Nähere Ausführungen sind dann in den Kindertagesstättengesetzen und Verordnungen der einzelnen Länder genannt, wo z. B. folgende Ziele formuliert sind:

- „Die Erziehung der Kinder soll zur Achtung der Würde des Menschen und zur Bewahrung der Natur ausgerichtet sein.
- Das leibliche, seelische und geistige Wohl des Kindes ist zu fördern.
- Diejenigen Fähigkeiten, die die Kinder im täglichen Leben benötigen, sind insbesondere entsprechend dem jeweiligen Alter und Entwicklungsstand zu unterstützen und weiterzuentwickeln.
- Die Kinder sollen entsprechend ihrem Entwicklungsstand und unter dem Aspekt der Ganzheitlichkeit betreut, erzogen und gebildet werden.
- Einzelne pädagogische Maßnahmen sollen immer auf die Gesamtentwicklung des Kindes bezogen sein.
- Die Fachkräfte […] unterstützen, ergänzen und erweitern die familiäre Erziehung.
- Fachkräfte orientieren sich an den Bedürfnissen der Kinder und Familien.
- Inhalte und Formen der pädagogischen Arbeit sollen dem Ent-

wicklungsstand der Kinder entsprechen und sich an deren Lebenssituation orientieren.

- Die Arbeit in den Kindertageseinrichtungen [...] soll die Gleichberechtigung von Mädchen und Jungen, von Kindern mit unterschiedlichen Fähigkeiten und von unterschiedlicher sozialer Herkunft sowie das Zusammenleben von Kindern unterschiedlicher
nationaler und kultureller Herkunft fördern.
- Behinderte und nicht behinderte Kinder sollen in Tageseinrichtungen [...] gemeinsam gefördert werden.
- Erzieherische Maßnahmen, die das Kind entwürdigen, insbesondere körperliche Strafen, sind verboten.
- Kindertageseinrichtungen sollen Kinder insbesondere in sozial verantwortliches Handeln einführen.
- Der Auftrag der Kindertageseinrichtungen richtet sich auch auf die
Vermittlung von Kenntnissen und Fähigkeiten, die eine eigenständige Lebensbewältigung im Rahmen der jeweiligen Möglichkeiten
des einzelnen Kindes fördern.
- Der natürliche Wissensdrang und die Freude am Lernen sind ebenso zu pflegen wie die Erlebnisfähigkeit, Kreativität und Phantasie
der Kinder.
- Bei der Wahrnehmung des Auftrages der Kindertageseinrichtungen
ist auf die besondere soziale, religiöse und kulturelle Prägung der
Familien der zu betreuenden Kinder Rücksicht zu nehmen.
- Zur Erfüllung des Bildungs- und Erziehungsauftrags sind die Tageseinrichtungen so zu gestalten, daß sie als anregender Lebensraum dem Bedürfnis der Kinder nach Begegnung mit anderen Kindern, Eigentätigkeit im Spiel, Bewegung, Ruhe, Geborgenheit, neue
Erfahrungen und Erweiterung der eigenen Möglichkeiten gerecht
werden können.
- Kinder mit sozialen und individuellen Benachteiligungen sollen
pädagogisch besonders gefördert werden.
- Die Tageseinrichtung gibt den Kindern in einer ihrem Alter ange-
messene Weise Gelegenheit zur Mitwirkung bei der Gestaltung der
Arbeit.
- Die Tageseinrichtung bezieht das örtliche Gemeindeleben als Ort
für lebensnahes Lernen in die Gestaltung der Arbeit mit ein."[1]

---

[1] Diese Beispiele wurden dem „Gesetz zur Förderung von Kindern in Tageseinrichtungen und Tagespflegestellen" – Schleswig-Holstein – und dem „Kindertag-
gesstättengesetz des Landes Niedersachsen" entnommen.

Viele der eben erwähnten Ziele bzw. Aufgaben haben unzweifelhaft eine hohe Bedeutung für eine kompetente Entwicklungsunterstützung von Kindern. So wichtig ihre Aussagen mit ihren bindenden Verpflichtungen für die Fachkräfte in Kindertageseinrichtungen sind, so offen und interpretationswürdig sind allerdings auch ihre Bedeutungen für die Praxis. *Alle* Aussagen „hören sich gut an" – wer mag da im einzelnen schon „nein" sagen oder Begriffe Forderungen grundsätzlich in Frage stellen. Dennoch werfen die Sätze Fragen für die Praxis auf, wenn es um die Präzisierung ihrer Intention geht.

Frage 1:
Was wird im einzelnen unter „Achtung der Würde des Menschen und Bewahrung der Natur" verstanden? Ist damit vielleicht eine „Erziehung zum sozialen Umgang" und eine „Pädagogik der Ökologie" gemeint oder vielmehr eine Entwicklungsbegleitung in realsozialen Zusammenhängen, bei der jeweilige „Sonderförderungsgebiete" bewußt nicht künstlich aufgebaut und vorbereitet werden?

Frage 2:
Was soll unter der „Förderung des leiblichen, seelischen geistigen Wohls des Kindes" verstanden werden? Kann/darf es hier um eine bewußte Programmierung bestimmter Lernvorgänge gehen oder entwickeln sich Förderprozesse nicht vielmehr durch bestimmte Haltungseinstellungen auf seiten der ErzieherInnen?

Frage 3:
Was sind bestimmte Fähigkeiten, die die Kinder in ihrem täglichen Leben benötigen? Abwehrkräfte gegen Überforderungen? Empathie und Solidarität mit Schwächeren? Macht und Kampf zum Bestehen in einem von Konkurrenz geprägten Land? Eigensinn und Selbstsicherheit, wenn es etwa darum geht, subjektiv erlebte Ungerechtigkeiten demonstrativ und lautstark zu verändern?

Frage 4:
Was verbirgt sich hinter dem vielzitierten Begriff einer Ganzheitlichkeit? Wenn Körper, Geist und Seele eines Kindes in einer engen Verknüpfung miteinander stehen und kontinuierlich „miteinander korrespondieren", ist es dann nicht verständlich und zu unterstützen, daß Kinder, die nicht müde sind, den Schlaf zu Recht verweigern? Daß Kinder, die keinen Hunger haben, das Essen zu Recht verweigern oder Kinder, die sich im Kindergarten nicht wohlfühlen, mit Schimpfen, Schreien und Weinen zu Recht dagegen sperren, den Kindergarten zu besuchen? Ist es unter dem Aspekt einer „Ganzheitlichkeit" dann noch zu vertreten, daß Bewegungsbedürfnisse von Kindern auf bestimmte Turnstunden kanalisiert werden

und ansonsten der Bewegungsdrang mit Einschränkungen unterdrückt wird?

Frage 5:

Was ist die „Gesamtpersönlichkeit" des Kindes? Wer kann schon sagen, daß er sie kennt und begreift? Sind den MitarbeiterInnen Hintergründe für bestimmte Verhaltensweisen wirklich bekannt, und wie können dann einzelne pädagogische Maßnahmen für ein Kind entwickelt und aufgebaut werden, wenn eher Vermutungen oder Alltagstheorien ein subjektives Denken bestimmen? Hat die Gesamtentwicklung eines Kindes nicht mehr mit biographischen Erlebnissen und Eindrücken zu tun als der (verzweifelte) Versuch, in Kindertagesstätten eine „kompensatorische" Erziehung mit Hilfe einzelner, isoliert-kindorientierter Maßnahmen zu realisieren?

Frage 6:

Wo liegt der genaue Unterschied zwischen einer „Unterstützung", „Ergänzung" und „Erweiterung" der familiären Erziehung?

Können/dürfen/sollen etwa ungünstige Einflüsse durch Eltern unterstützt werden?

Bringt eine „Ergänzung" nicht den Nachteil mit sich, daß der Kindergarten eine Verantwortung übernimmt, die den Eltern obliegt, und können/dürfen/sollen Eltern durch eine Ergänzungspädagogik von ihrer großen Verantwortung entlastet werden? Wo liegt dann eine Grenzüberschreitung zwischen einer „ergänzenden" und „familienersetzenden" Erziehung?

Was bedeutet konkret eine „Erweiterung" der familiären Erziehung? Kommt der Kindergarten nicht dadurch in die Rolle, das an Aufgaben zu übernehmen, was eine Familie aus berechtigten (oder nichtnachvollziehbaren) Gründen gerade *nicht* erweitert sehen möchte?

Frage 7:

Wie ist es unter den derzeitigen Bedingungen und unter dem Aspekt der eigenen Persönlichkeit leistbar, Bedürfnisse der Kinder wirklich in Erfahrung zu bringen? Gibt es nicht auch Bedürfnisse der Kinder, die ErzieherInnen ablehnen oder nicht berücksichtigen möchten/können, wenn es z. B. um das (berechtigte) Bedürfnis von Jungen geht, eine „Bande" zu bilden und in Gruppen gegeneinander zu kämpfen?

Soll/muß beispielsweise das Bedürfnis der Eltern beachtet werden, wenn es darum geht, Kinder möglichst früh und intensiv zu fördern bzw. sehr gezielt und regelmäßig auf die Schule vorzubereiten?

Wo liegen die gravierenden Unterschiede zwischen den Begriffen „Wünsche" und „Bedürfnisse"?

Frage 8:
Inwieweit ist es machbar, daß sich Inhalte und Formen der pädagogischen Arbeit an den individuellen Entwicklungswegen der Kinder orientieren und damit deren unterschiedliche Lebenssituationen zu berücksichtigen sind? Gehören dazu nicht ausreichende
Kenntnisse der Individualbiographien, und wie sind sie in Erfahrung zu bringen? Hat z. B. die Fachschulausbildung ihren Stoffplan
auf diesen Punkt ausgerichtet, wenn dort grundlegendes Wissen aus
der Entwicklungspädagogik/-psychologie auf der Grundlage sozia-
lisationstheoretischer Verknüpfungen vermittelt werden soll?

Frage 9:
Kann der Anspruch einer eigenständigen Integration von Personen
in ihren besonderen Lebenslagen wirklich gelingen, wenn es zunächst darum gehen muß, selbst als Persönlichkeit eine eigene, integrative Akzeptanz zu finden? Können bestimmte soziale Her-
künfte mit ihren eigenen Regeln und Ritualen tatsächlich akzeptiert
werden als eine Voraussetzung für Veränderungen? Sind Frauen –
gerade in der Pädagogik – gerne bereit, „typisches Jungenverhal-
ten" nicht zu bewerten und auch Jungen Identifikationshilfen zu
geben?

Frage 10:
Wenn als ein Auftrag von Kindertagesstätten die Aufgabe formuliert wird, behinderte und nicht behinderte Kinder gemeinsam zu
fördern, stellt sich die Frage, ob für ein gemeinsames Leben und
Lernen einerseits fundierte heilpädagogische Grundkenntnisse erforderlich sind, andererseits eine gemeinsame Förderung möglich
sein wird, wenn spezifische Kompetenzen fehlen?

Frage 11:
Das Verbot „entwürdigender Maßnahmen" ist selbstverständlich
und dennoch notwendig, sind es doch in der Regel „kleinere",
d. h. weniger auffällige Entscheidungen oder Handlungen, die einer
Respektlosigkeit entsprechen. Nur bleibt die Frage offen, was im
einzelnen entwürdigende Maßnahmen sind: etwa die Aufforderung, gemeinsam zu frühstücken – trotz eines fehlenden Hungerge-
fühls beim Kind? Oder der Abbruch von Spielsequenzen, obgleich
das Kind mit großem Eifer und unter Protest sein Spiel zu Ende
bringen möchte? Ist es etwa der Vergleich von Kinderzeichnungen
oder Produktergebnissen – trotz der erklärten Bereitschaft der MitarbeiterInnen, Kinder in ihrer Individualität zu achten? Stellt die
Zurechtweisung eines Kindes eine „entwürdigende Maßnahme"
dar, nicht so laut herumzutollen – trotz des ungebremsten Bewe-
gungsdranges des Kindes? Ist es nicht auch eine „entwürdigende

Maßnahme", wenn während eines Spiels der Erzieherin mit einer Kindergruppe diese auf Bitten der Leiterin den Raum verläßt (und damit die Kinder vor eine vollendete Tatsache stellt), um ein Elterngespräch zu führen?

Frage 12:
Kann „sozial verantwortliches Handeln" in irgendeiner Art eingeübt werden, oder ist es nicht im originären Sinne das Ergebnis eines deutlichen Modellverhaltens der Erwachsenen? Ist ein „sozial verantwortliches Handeln" in der heutigen Zeit nicht weitaus differenzierter zu sehen, so daß z. B. auch in bestimmten Situationen ein „unverantwortliches Handeln" lebensnotwendig sein kann?

Frage 13:
Können „Kenntnisse und Fähigkeiten, die eine eigenständige Lebensbewältigung im Rahmen der jeweiligen Möglichkeiten des einzelnen Kindes" liegen, vermittelt werden, oder muß es nicht um ein „probierendes Lernen" im Sinne eines erlebbaren Handelns gehen? Wie verträgt sich eine eigenständige Lebensbewältigung mit den erklärten (offenen oder verdeckten) Zielen der elterlichen Pädagogik? Kommen Kinder durch verschiedene Zielsetzungen nicht in Konflikte, weil z. B. der Kindergarten andere Ziele als wichtig erachtet als Eltern? Was bedeutet es für die Praxis in der Einrichtung, wenn jedes Kind seine eigenständige Lebensbewältigung in den Tagesablauf integrieren will?

Frage 14:
Erlebnisfähigkeit, Phantasie und Kreativität verlangen Tagesabläufe und Rahmenbedingungen, ErzieherInnenpersönlichkeiten und Einrichtungsatmosphären, die diese Handlungskompetenzen deutlich unterstützen. Phantasievolle und kreative Kinder sind vor allem **eigenwillig**, neugierig und unangepaßt, lebendig und voller Experimentierfreude, weil sie auf der Suche nach Antworten und Erfahrungen sind. Welche Persönlichkeitsmerkmale müssen Erwachsene zeigen, um diese kindgerechten Fähigkeiten zu unterstützen? Welche Regeln verstoßen im Kindergarten eindeutig gegen dieses Ziel, und welche Rahmenbedingungen stellen geradezu gravierende Kontraindikationen für Erlebnisfähigkeit, Phantasie und Kreativität dar?

Frage 15:
Die Rücksichtnahme – vor allem auf religiöse und kulturelle Prägungen – ist einerseits notwendig, um Kinder nicht in kognitive, emotionale oder soziale Irritationen zu bringen. Doch wieweit sind besondere Prägungen bekannt und mit einem eigenen fundierten Hintergrundwissen auf seiten der ErzieherInnen gefestigt, wenn es etwa um die Kenntnisse islamischer Werte oder russisch-orthodo-

xer Rituale geht, wenn Kinder deutschstämmiger Auswanderer bestimmte Gebräuche pflegen oder bestimmte Umgangsformen asyl-suchener Menschen auf unsere Unkenntnis (und damit unser Unverständnis) treffen?

Frage 16:

Wenn zur Erfüllung des Erziehungs-, Bildungs- (und Betreuungs-) Auftrags die Tageseinrichtungen so zu gestalten sind, daß sie als ein anregender Lebensraum dem Bedürfnis der Kinder gerecht werden können, tauchen neue Fragen auf:

Welche Ausstattungen der Räume und Tagesabläufen unterstützen oder hemmen eine Eigentätigkeit im Spiel?

An welchen Orten ist für Kinder das Erlebnis von Ruhe wirklich möglich?

Wie können Kinder Geborgenheit erleben, wenn sie sich mit einer für sie unüberschaubaren Menge anderer Kinder kleine Räume teilen müssen bzw. auch Erwachsene nur sehr zeitbegrenzt für sich beanspruchen können?

Was verlangt es von den ErzieherInnen und einer lebendigen Tagesgestaltung, damit Kinder wirklich neue Erfahrungen machen können und nicht immer auf bekannte ritualisierte Umgangsformen (z. B. durch von Erwachsenen aufgestellte Regeln) zurückgeworfen werden?

Wie werden Erweiterungen der eigenen Möglichkeiten zugelassen, unterstützt und begleitet statt in Grenzen gehalten, gebremst oder unterdrückt?

Frage 17:

Beziehen sich „pädagogische Förderungen von Kindern mit sozialen und/oder individuellen Benachteiligungen" nicht teilisoliert nur auf die betreffenden Kinder, so daß Vernetzungen zum Elternhaus schnell/leicht unberücksichtigt bleiben (müssen)? Wie verhält es sich dann mit einer „Erziehung auf der Grundlage einer Ganzheitlichkeit"? Ist es nicht sogar eine Manifestation (= Festschreibung) ungünstiger Lebensverhältnisse von Kindern und ihrer Familien, wenn es lediglich um „pädagogische Förderungen von Kindern" und nicht um gemeinwesenorientierte Aktivitäten gehen soll?

Frage 18:

Eine „Mitwirkung bei der Gestaltung der Arbeit" setzt ein Person-und Rollenverständnis auf seiten der MitarbeiterInnen voraus, Kinder als handelnde, kompetente Akteure ihrer eigenen Lernorganisation zu akzeptieren und sich selber immer mehr als Lernende zu begreifen. Wie ist es aber möglich, daß sich diese Sichtweise von Entwicklungsbegleitung immer mehr durchsetzt und zum festen

Bestandteil der pädagogischen Praxis wird? Welche Rituale und Veränderungen hindern/fördern den Prozeß der Mitsprache? Welche Konsequenzen kommen dann bei einer „Demokratie von unten" auf Erzieherinnen zu und wie wird dadurch ein bekannter Tagesablauf grundsätzlich verändert?

Frage 19:
Wie können unter den gegebenen Bedingungen örtliche Strukturen berücksichtigt werden, und was ist dazu notwendig, daß der Kindergarten sich immer mehr von innen nach außen öffnet? Welches Engagement von allen ErzieherInnen ist damit gefordert, und was geschieht, wenn die Aktivitätsrate der einzelnen Fachfrauen in der Einrichtung sehr unterschiedlich stark ausgeprägt und verteilt ist?

Fragen über Fragen, die einer Antwort bedürfen und die dann entstehen, wenn gängige Aussagen oder Begriffe, akzeptable Forderungen oder übliche Worte für die Praxis eine Bedeutung erhalten (sollen/ müssen).

Allzuschnell wurde in der Vergangenheit bzw. wird in der Gegenwart im Umgang mit Aussagen/Begriffen mit Akzeptanz reagiert. Das hat(te) sehr unterschiedliche Gründe:

- Um nicht als „unwissend" vor allen anderen dazustehen, wurde/ wird durch eine vermeintlich bestätigende Bejahung das Risiko minimiert, selber Stellung zu beziehen.
- Zeitabhängige Aussagen wie etwa „eine Pädagogik vom Kinde aus", „ganzheitliche Erziehung", „kindorientierte Pädagogik" oder „Beachtung der Bedürfnisorientierung der Kinder" werden übernommen, weil sie modernistische Bedeutungen haben (Anmerkung: Sie sind keinesfalls modern! Vielmehr stammen sie aus dem Mund engagierter Frauen und Männer der Vergangenheit, die sich auf der Grundlage eines humanistischen Menschenbildes um eine kindorientierte Entwicklungsbegleitung verdient gemacht haben!).
- Viele Begriffe wie z. B. „kindzentriert" oder „Öffnung der Arbeit" werden einfach nicht mehr hinterfragt, weil dies bedeuten würde, in fundamentale philosophische Diskussionen einzutreten. Dieses wiederum widerspräche dem schnellebigen Zeitgeist und in vielen Fällen auch der eigenen Lebensplanung.
- Hinter vielen Aussagen wie etwa „Arbeit auf der Grundlage des Situationsorientierten Ansatzes" oder „Beachtung einer Basisdemokratie in Kindergärten" steckt eine ganze Welt voller gedanklicher Verknüpfungen und Konsequenzen für die Arbeit vor Ort. Diese – und viele andere – Begriffs- und Satzzusammensetzungen provozieren

langanhaltende Diskussionen und führen dazu, Eckwerte der eigenen Arbeit klar und deutlich, manches Mal auch radikal zu reflektieren.

● Und schließlich fordern Grundsatzgespräche immer wieder alle Beteiligten in einem Team auf, sich zu öffnen, eine eigene Transparenz vorzunehmen und zuzulassen und damit grundsätzliche Fragen/ Einstellungen und Haltungen zu offenbaren, etwa folgender Art:

1. Wo liegen eigene Wichtigkeiten der Arbeit, und wie versuche ich, diese zu initiieren bzw. prozeßorientiert zu erreichen?

2. Wozu habe ich diese Ziele und Prioritäten? Was haben sie mit mir/meiner Biographie zu tun?

3. Welche Haltung/Einstellung liegt meinen Zielen und Prioritäten zugrunde; was sage ich damit über mich und meine Einstellung zur Arbeit aus?

4. Welche Sichtweise offenbare ich damit über Kinder und Eltern; wie hilfreich sind sie, damit Kinder und Eltern sich durch meine Arbeit entwickeln (können)?

5. Wie hoch/niedrig ist meine Wertschätzung gegenüber dem eigenen Beruf, und welche Zufriedenheit/Unzufriedenheit übertrage ich damit auf die Menschen, mit denen ich arbeite?

6. Inwieweit stimmen die Arbeitsinhalte und Methoden mit den gesetzten Zielen überein, bzw. wo gibt es Widersprüche?

7. Gibt es heimliche oder offene Regeln, die einer Ziel- und Inhaltsorientierung entgegenlaufen und damit den offenen Erklärungen den Boden einer Glaubwürdigkeit nehmen?

8. Inwieweit entsprechen bestimmte Absichtserklärungen für die Arbeit auch den eigenen Verhaltensweisen etwa in der Kommunikation im Team oder mit den Eltern?

9. Welche Basiskompetenzen sind für diese Arbeit erforderlich, und wie stark/schwach sind sie ausgeprägt?

10. Wie hoch ist der bisherige Einsatz (gewesen), wenn es etwa um die Durchsetzung berechtigter Aufgaben/Ziele ging/geht?

Konzeptions(üb)erarbeitungen

● zwingen zur inhaltlichen Auseinandersetzung;

● führen MitarbeiterInnen deutlich vor Augen, wo bestimmte Stärken und Schwächen der Arbeit liegen;

● decken Konflikte auf den Ebenen persönlicher Beziehungsstörungen/-schwierigkeiten auf;

● lassen Restkonflikte aus vergangenen Zeiten dann zum Vorschein kommen, wenn sie – gleich einem leisen Schwelbrand – noch immer eine Bedeutung besitzen;

● provozieren Stellungnahmen und Standpunktsetzungen;

- fordern Begründungen für Aussagen;
- schaffen Klarheiten in bestimmten Fragestellungen; – helfen dabei, Entscheidungen zu treffen und deutliche Abgrenzungen vorzunehmen, wo sie notwendig erscheinen;
- unterstützen ein deutliches Profil der MitarbeiterInnen und damit des Kindergartens;
- heben die Bedeutung elementarpädagogischer Arbeit auf eine – berechtigterweise – hohe Ebene der Wertschätzung;
- stärken das Selbstwertgefühl der MitarbeiterInnen, weil Pädagogik faßbar gemacht wurde;
- sind einfach notwendig für eine qualifizierte Pädagogik.

Aus den genannten Beispielen wird deutlich, daß sich eine Konzeptions(üb)erarbeitung vor allem auf zwei Ebenen abspielt: Einerseits ist sie hilfreich für die MitarbeiterInnen selbst, andererseits für die Arbeit mit Kindern und den vielen Bezugspersonen. Konzeptions(üb)erarbeitungen haben also ihre Wirkung auf das Innenverhältnis (Person im Umgang mit sich bzw. in der Kommunikation mit den KollegInnen im Team) und auf das gesamte Außenverhältnis (Gestaltung/Auswirkung der Arbeit). Das soll im folgenden beispielhaft graphisch dargestellt werden:

Konzeptions(üb)erarbeitungen und ihre Wirkungen auf das
Innenverhältnis

a) für die einzelne Person

- Finden einer deutliche(re)n Klarheit
- Auseinandersetzung mit eigenen Werten
- Verdeutlichung eigener, Standpunkte
- Spüren eigener Sicherheiten
- Erhöhung der Berufszufriedenheit

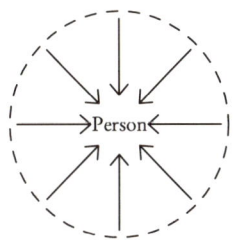

b) für das gesamte Team

● Konfliktaufdeckung und -bearbeitung
● Erleben von klaren Beziehungsqualitäten
● Verläßlichkeit bei Absprachen
● Realeinschätzungen statt Fehleinschätzungen
● Offenheit durch Kenntnisnahme

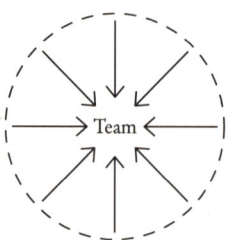

Konzeptions(üb)erarbeitungen und ihre Wirkungen auf das
Außenverhältnis

a) auf die Kinder

● Verläßlichkeit in Beziehungen
● Reflexives Verhalten bei Entscheidungen
● Einhalten von Absprachen
● „Leben und Lernen" mit Kindern
● Glaubwürdigkeit als BündnispartnerIn der Kinder

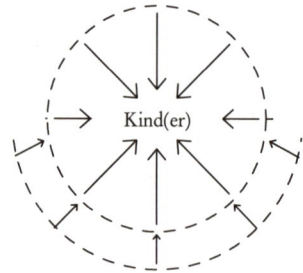

b) auf die Öffentlichkeit

- Verdeutlichung eines pädagogischen Profils
- Entscheidungsorientiertes Verhalten
- Transparenz der Eigenständigkeit
- Fachkompetenz als greifbare Erfahrung
- Erhöhung des Stellenwertes der Elementarpädagogik

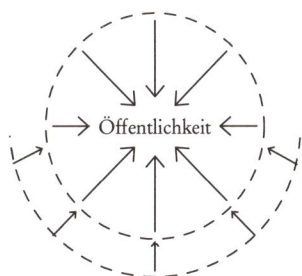

2.1. Auswirkungen auf das Innenverhältnis „Person"

Die Erarbeitung bzw. Überarbeitung einer Konzeption trägt zunächst dazu bei, daß jede einzelne Mitarbeiterin sich veranlaßt fühlt, sich mit eigenen und fremden Zielen der Kindergartenarbeit auseinanderzusetzen. Dabei kommt es immer wieder vor, daß zwar Begriffe und bekannte Aussagen der Elementarpädagogik ausgesprochen werden, doch schon beim näheren Betrachten sehr unterschiedliche Auslegungen zu unterschiedlichen Sichtweisen führen. Konzeptions(üb)erarbeitungen führen gerade durch nähere Begriffsbestimmung und Reflexionen gebräuchlicher Thesen zu genaueren Definitionen und damit zu eigener Klarheit.

Wenn beispielsweise der Begriff „Beobachtung von Kindern" als eine Grundlage benannt wird, um Kinder und ihre Verhaltensweisen zu verstehen, ergibt sich durch Nachfragen die Notwendigkeit, den Vorgang des Beobachtens zu präzisieren:

- Was genau soll/kann beobachtet werden?
- Welche Methoden der Beobachtung werden genutzt, welche Methoden sind brauchbar, welche unwirksam?
- Wie können/sollen Beobachtungen schriftlich festgehalten werden?

Handwritten at top: Klare Formulierungen, auf den Pkt. bringen

- Wie werden Beobachtungem am besten ausgewertet?
- Wie genau kann beobachtet werden, und welche didaktischen Hilfsmittel eignen sich für bestimmte Beobachtungsformen?

Ein derartiges „Auf-den-Punkt-kommen" trägt entscheidend zu einer **deutliche(re)n Klarheit** bei.

Pädagogik ist in ihrer praktischen Umsetzung immer von den vielfältigen Wertvorstellungen der einzelnen MitarbeiterInnen durchsetzt und geprägt. Dabei kommen eigene biographische Erfahrungen und Erlebnisse zum Ausdruck, die das Leben der MitarbeiterInnen bewußt oder unbewußt beeinflußt haben. Keine (!) Pädagogik ist völlig wertfrei. Würde dies behauptet werden, dann müßten die beteiligten Personen ihre Lebenserfahrungen ausblenden können und kämen damit roboterhaften Maschinen gleich, die auferlegte Sachbefehle ausführen. Insoweit ist die Welt der Pädagogik durchdrungen von erwachsenenorientierten Werten. Nun gibt es Werte, die einer kindorientierten Entwicklungsbegleitung dienlich sind und demgegenüber werden auch Werte für gültig erklärt, die für die Entwicklung von Kindern hinderlich sind.

Handwritten in left margin: Bsp Regeln

Wenn beispielsweise die Begriffe „Regeln" oder „Grenzen" in die Diskussion geworfen werden, so kann davon ausgegangen werden, daß sich alle Beteiligten darin einig sind, daß es in dem gemeinsamen Leben und Lernen mit Kindern Regeln geben muß, die ein konstruktives Zusammensein unterstützen.

Doch beim näheren Betrachten geht es um folgende Fragen:
- Welche Regeln haben einen Sinn für Kinder, welche nicht?
- Dienen bestimmte Regeln tatsächlich der Entwicklungsunterstützung von Kindern, oder sind sie eher darauf ausgerichtet, den Ablauf einer „geregelten" Zeit im Kindergarten zu garantieren?
- Gibt es vielleicht Regeln, die eher der Ruhe und dem Harmoniebedürfnis der MitarbeiterInnen entsprechen und mit weit herangeholten pädagogischen Begründungen legitimiert wurden?
- Welche „heimlichen" Regeln bestimmen die praktizierte Pädagogik und entsprechen den subjektiven Vorstellungen der MitarbeiterInnen?
- Ergeben sich Regeln aus Grenzziehungen, oder leiten sich Grenzen aus Regeln ab?
- Wurden bestimmte Regeln mit Kindern gefunden oder für Kinder (aus Sicht der Erwachsenen) aufgestellt, von denen geglaubt wird, sie seien hilfreich und daher von Nutzen?

Die Auseinandersetzung mit Werten provoziert zugleich immer eine Auseinandersetzung mit eigenen Werten und zwingt die an einer Konzeption beteiligten Personen zur deutlichen Stellungnahme, Begründung und In-Frage-Stellung eigener Ansichten.

In jeder MitarbeiterInnengruppe gibt es Personen, die viel, wenig oder gar nicht in Diskussionen beteiligt sind. Besonders ärgerlich ist es für engagierte Fachfrauen, wenn bestimmte MitarbeiterInnen in Fachauseinandersetzungen schweigen oder sich sehr schnell einer Mehrheit anschließen.

Konzeptions(üb)erarbeitungen verlangen von allen MitarbeiterInnen zumindest den Versuch der Beteiligung. Nichts hindert die Entwicklung einer Gruppe zum Team so sehr wie die Zurückhaltung von Meinungen, Ansichten und Fakten zu einem bestimmten Thema oder in einer Erörterung einer aktuellen Fragestellung. Also geht es bei Stellungnahmen um folgenden Prozeß:

⇒)alle müssen beteiligt sein !!!

- Welche Meinung wird vertreten?
- Was denkt jeder im Hinblick auf diesen Diskussionspunkt?
- Wozu wird diese Meinung vorgebracht, und wem dient sie wirklich – den Kindern, der eigenen Person, den Eltern, der Öffentlichkeit, der Verdeckung von Konflikten?

Konzeptions(üb)erarbeitungen **legen Standpunkte offen** und machen Sichtweisen transparent.

Die Elementarpädagogik steht in einem überaus großen Erwartungsgeflecht: Eltern, Kinder und der Träger, Öffentlichkeit und andere Einrichtungen stellen deutliche (oder heimliche) Erwartungen an die MitarbeiterInnen, so daß es diesen nicht leicht fällt, sich für die Erfüllung bestimmter Erwartungen zu entscheiden und gegen überhöhte, ungerechtfertigte Erwartungen abzugrenzen. Die Folge einer unreflektierten und überhöhten Bereitschaft, gestellte Erwartungen zu erfüllen, zeigt sich in der Zunahme von Unsicherheit (= emotionale Inkompetenz).

Konzeptions(üb)erarbeitungen lassen genau diese Vielfalt der Forderungen in den Mittelpunkt rücken und fordern Entscheidungen heraus:

- Welche Erwartungen müssen, können und sollen erfüllt werden, welche nicht?
- Welche Absichten stehen hinter welchen Forderungen, und was bedeutet das für die Arbeit?
- Wie ist es möglich, überhöhte Erwartungen abzuwehren?

● Welche Erwartungen wurden (bisher) mißverstanden, und wie können/sollen sie nun erfüllt werden?
● Welche Schritte sind notwendig, um unberechtigte Erwartungen zurückzugeben?

Dort, wo Entscheidungen und Abgrenzungen (beide Prozesse sind miteinander eng verknüpft und daher nicht trennbar!) vorgenommen werden, kommt es zum **Aufbau eigener Sicherheiten,** die in entscheidender Art und Weise einer kompetenten Profilierung der Arbeit dienen.

Ein Blick in die Statistiken der Fehltage von MitarbeiterInnen in pädagogischen Einrichtungen zeigt, daß in vielen Institutionen der Betrieb nur unter größten Mühen aufrechterhalten werden kann. Abgesehen von dem großen volkswirtschaftlichen Schaden sind es immer die Kinder, die letztlich unter der hohen Abwesenheit von MitarbeiterInnen zu leiden haben. So können Projekte nicht kontinuierlich durchgeführt werden, Unterbrechungen lassen Beziehungskontinuitäten leiden, und auch notwendige Beziehungswechsel führen zu zusätzlichen Belastungen im Hinblick auf die Entwicklung eines Teams. Dasselbe gilt für den häufigen Arbeitsplatzwechsel von ErzieherInnen oder ein frühzeitiges Aussteigen aus dem Beruf.

Bei einer genaueren Betrachtung des Problems sind es nicht selten die einrichtungsinternen Verhältnisse, die zu einer seelischen Unzufriedenheit vieler führen und sich dann in Kündigungen oder Krankmeldungen niederschlagen. Das geschieht ganz im Sinne einer Einheit von Körper, Seele und Geist.

Konzeptions(üb)erarbeitungen können daher auch einen entsprechenden Raum dafür bieten, folgende Fragen zu reflektieren:

● Was kann in der Einrichtung dazu führen, daß dort ein hoher Krankheitsstand herrscht?
● Welche Merkmale sind dafür verantwortlich, daß einzelne MitarbeiterInnen sich unwohl fühlen und ihre Krankheiten als einen für sie angemessenen Weg wählen, sich aus dem Arbeitsprozeß für bestimmte Zeiten herauszulösen?
● Welche besonderen Merkmale provozieren immer wieder Unzufriedenheiten, und wie können sie gezielt verändert werden?
● Auf welchen Ebenen spielen sich die Gründe und Auslöser für Unzufriedenheiten ab?
● Welche Gründe gibt es für häufige Kündigungen, welche Auswirkungen haben sie auf das „Stamm-Team", die Kinder, die Eltern und die Öffentlichkeit?

Konzeptions(üb)erarbeitungen decken Gründe und Hintergründe auf und können durch Veränderungen ungünstiger Eckwerte zu einer **deutlichen Verbesserung der Berufszufriedenheit** beitragen.

Auswirkungen auf das Innenverhältnis „Team"

Die Qualität der zu leistenden Arbeit in Kindertagesstätten hängt vor allem von der Intensität einer „gelebten Teamarbeit" ab. In vielen Einrichtungen wird zwar von „Teamarbeit" gesprochen, doch zeigt sich bei einer näheren Betrachtung, daß es lediglich eine „Gruppe von MitarbeiterInnen" ist, die aus unterschiedlichen Gründen in dieser Einrichtung arbeiten. In vielen Arbeitsgruppen bestimmen persönliche oder fachliche Konflikte den Berufsalltag, was sich wiederum sehr kontraproduktiv auf die gesamte Atmosphäre der Einrichtung auswirkt. Kinder und Eltern spüren häufig sehr deutlich die Spannungen, so daß Unzufriedenheiten und Gereiztheit zum Alltagsgeschehen gehören.

Während der Konzeptions(üb)erarbeitungen bietet es sich an, folgende Fragen zu klären:

- Wie ist die Beziehungsqualität der MitarbeiterInnen zu charakterisieren?
- Gibt es Cliquen, Untergruppen oder Teilgruppen, die durch ihre Existenz die Gesamtgruppe daran hindern, sich zu einem „Team" zu entwickeln?
- Existieren Vorurteile oder Erfahrungen, die dafür verantwortlich sind, daß Konflikte vorherrschen und beispielsweise eine inhaltliche Arbeit zur Zeit nicht zulassen?
- Welchen Konflikten wird gekonnt aus dem Wege gegangen, obwohl sie jeder kennt, aber niemand sie anspricht?
- Bei welchen Konflikten wurde bisher vergeblich versucht, sie in eine Klärung überzuleiten, und welche neuen Wege muß es geben, sie erneut in produktive Klärungsprozesse zu leiten?
- Welche „heiligen Kühe" blieben bislang unangetastet und müssen endlich auf den Tisch, um sie inhaltlich zu besprechen?

Konzeptions(üb)erarbeitungen geben die einmalige Chance, daß **Konflikte aufgedeckt und bearbeitet** werden können, um nicht zuletzt die Zusammenarbeit entscheidend zu verbessern, damit eine kindorientierte Arbeit überhaupt möglich wird.

Während der täglichen Arbeit gibt es Hunderte von Berührungspunkten zwischen den MitarbeiterInnen, die je nach Bestehen der unterschiedlichen Beziehungen erlebt und gestaltet werden. Ob es beim morgendlichen Begrüßen, bei Absprachen, gemeinsamen Vorhaben, in Teamsitzungen, bei Elternabenden und -gesprächen, bei Entscheidungsfindungen oder beim Verabschieden ist, immer drücken sich neben den inhaltlichen Schwerpunkten auch die Beziehungsqualitäten aus.

Dabei sind eine Reihe von Beziehungen zwar äußerlich geklärt, doch zeigen sie bei genauerem Hinsehen auf innere Disharmonien/Diskrepanzen hin.

Während der Konzeptions(üb)erarbeitungen werden nicht nur, durch die aktiven Auseinandersetzungen „ganz nebenbei" neue Beziehungserfahrungen gemacht, sondern auch Fragen erörtert, um Beziehungen zu klären. Das kann zu folgenden Fragen führen:

- Wer fühlt sich von wem in welchem Maße verstanden und angenommen, wer abgelehnt oder gar von einzelnen ausgeschlossen?
- Was kann dazu beigetragen haben, daß bestimmte Beziehungen einen Riß oder einen Bruch bekommen haben?
- Welche untauglichen Mittel wurden bisher eingesetzt, Beziehungsstörungen aufzudecken?
- Welche neuen Versuche können/müssen eingeleitet werden, um Klärungshilfe zu erreichen?
- Wer hat in der MitarbeiterInnengruppe kein Interesse, Beziehungsqualitäten zu verbessern, und welche Auswirkung hat das definitiv auf die Gesamtentwicklung der Gruppe?
- Wer verhält sich in der Praxis anders als mit Worten gesagt, und wie können solche Widersprüche konstruktiv verbessert werden?

Schon hier wird spätestens deutlich, daß Konzeptions(üb)erarbeitungen nicht nur einer inhaltlichen Klärung bestimmter didaktischer Fragen oder methodischer Überlegungen dienen, sondern immer auch dem **Erleben von klaren und deutlichen Beziehungsqualitäten** dienlich sind. Dort, wo Beziehungsfragen unberücksichtigt bleiben, wird eine Konzeptions(üb)erarbeitung nicht in vollem Maße gelingen, weil sie die Menschen und ihre Kommunikation ausblendet. Das hätte eine Bedeutung und Funktion und geschieht zum Beispiel dort, wo einzelne MitarbeiterInnen oder zum Beispiel die Leiterin einer Einrichtung eine Konzeptions(üb)erarbeitung vornimmt. Wenn nicht alle MitarbeiterInnen an dieser Arbeit teilnehmen, ist die Wirksamkeit einer Konzeption von Beginn an eingeschränkt und letztlich aussagelos. Das käme in etwa einem Vorgehen gleich, bei dem ein Träger einer Einrichtung einen bestimmten pädagogischen Ansatz „aufzwingt". Solche despotischen und undemokratischen Regeln bewirken sehr oft eine Unzufriedenheit und ein hohes Maß an Ablehnung, durch die schon bestehende Irritationen ausgeweitet werden.

Gerade, wenn alle MitarbeiterInnen einer Einrichtung an der Konzeptions(üb)erarbeitung beteiligt sind und damit die Möglichkeit erhalten, sich inhaltlich und fachspezifisch einzubringen, werden Arbeitsergebnisse von allen mitgetragen, wenn z. B. strittige Punkte in Ruhe und Sachlichkeit – selbstverständlich auch in einem deutlichen Diskurs – ausgetragen werden konnten. Ein klares Profil einer Einrichtung ergibt sich u. a. auch daraus, daß jede Mitarbeiterin auf demselben Informationsstand ist und sich z. B. in der Öffentlichkeit wie auch im Innenverhältnis in Übereinstimmung mit den anderen Teammitgliedern befindet. So wird es z. B. bei getroffenen Absprachen selbstverständlich sein, daß diese für alle ein hohes Maß an Gültigkeit und Verbindlichkeit besitzen. War/ist dies nicht der Fall, ergeben sich u. a. folgende Fragen:

- Was hat bisher dazu geführt, daß einzelne MitarbeiterInnen getroffene Absprachen nicht eingehalten haben?
- Welche Folgen haben Unverläßlichkeiten bei getroffenen Absprachen, wie haben sie sich bisher ausgewirkt, und wie können sie sich in Zukunft auswirken?
- Welche Absprachen wurden tatsächlich demokratisch getroffen und welche der Mehrheit übergestülpt?
- Gibt es Absprachen, die bei einer erneuten Erörterung ihre Gültigkeit verloren haben, und welche neuen Absprachen sollten/müssen getroffen werden?

Konzeptions(üb)erarbeitungen verlangen Entscheidungen von allen und unterstützen damit eine **deutliche Verläßlichkeit bei Absprachen,** wenn diese mit Zeit und unter Beachtung aller Einwürfe im Sinne der Mehrheit verabschiedet wurden.

Die Elementarpädagogik bietet MitarbeiterInnen ein überaus großes Feld für eigene Schwerpunktsetzungen. Im Gegensatz zur Schulpädagogik, wo es Rahmenpläne und Fachplanungen gibt, können sich Fachfrauen in Kindertagesstätten den Arbeitsschwerpunkten zuwenden, von denen sie glauben, daß diese für die Entwicklung der Kinder hilfreich sind. So manche SchulpädagogInnen blicken in dieser Hinsicht „neidisch" auf den Elementarbereich.

Doch hat dieses Maß an Freiheit auch seine Gefahren und deutlichen Schwachpunkte: Eigene Schwerpunktsetzungen und offene Curricula tragen nicht selten dazu bei, daß einzelne MitarbeiterInnen durch fehlende (oder abgewehrte) Auseinandersetzungsnotwendigkeiten ihre Arbeit zwar durchführen, doch nur durch eigene, subjektive Gedanken reflektieren oder auch Reflexionshilfen auf der Grundlage deutlicher Fachimpulse ablehnen. So können hilfreiche Chancen nicht genutzt werden, um sich im Austausch mit sachorientierten Fragen zu beschäftigen. Ein Verbleib in der eigenen Gedankenwelt führt schnell dazu, von dem Wert eigener Arbeit und persönlicher Verhaltensweisen überzeugt zu sein. Das wiederum hat Fehleinschätzungen zur Folge, weil keine neuen Impulse gehört und aufgegriffen werden.

Bei einer Konzeptions(üb)erarbeitung gilt es daher, auch folgende Fragen aufzugreifen:

- Wie schätze ich meine Arbeit mit den Kindern, den Umgang mit den KollegInnen und vor allem auch mein eigenes Verhalten im Hinblick auf die eigene Umgangskultur ein?
- Wo zeige ich hilfreiche Verhaltensweisen, und in welchen Situationen verhalte ich mich destruktiv?
- Wie schätzen die KollegInnen meine Arbeit bzw. meine Umgangskultur ein?
- Gibt es deutliche Unterschiede zwischen der Selbst- und Fremdwahrnehmung von Kompetenzen/Inkompetenzen?

Während der Erörterung dieser Fragen kann durch ein genaues Beschreiben von Situationen und Ereignissen dazu beigetragen werden, **daß Realeinschätzungen bisherigen Fehleinschätzungen entgegenstehen und durch die Offenlegung verändert werden.**

In der Hektik des Alltages von Kindertagesstätten, bei der es häufig darum geht, spontane Entscheidungen zu treffen und neue Situationen zu meistern, bleiben immer wieder viele Grundsatzerörterungen auf der Strecke. Sie werden aufgrund fehlender Zeitkapazitäten verschoben (und auch gerne „vergessen"), weil andere Schwerpunkte zur Zeit höhere Prioritäten besitzen.

Dadurch kommt es oftmals zum Vergessen relevanter Arbeitsfragen oder zum Verdrängen schwieriger Sachverhalte, zumal MitarbeiterInnen wissen, daß Grundsatzdiskussionen lang verdrängte Konflikte wieder zum Ausbruch bringen.

Konzeptions(üb)erarbeitungen verlangen immer wieder aufs neue, daß solche Aspekte auf den Tisch kommen. Sie können dadurch thematisiert werden, wenn etwa folgende Fragen gestellt werden:

- Welche Diskussionspunkte wurden des öfteren thematisch angerissen, aber nicht wirklich diskutiert?

- Gab/gibt es Themen, denen die MitarbeiterInnengruppe ausweicht?
- Welche Grundsatzerörterungen werden nur ungerne geführt, und welche Hintergründe gibt es, ihnen aus dem Wege zu gehen?
- Existieren irgendwelche Vorbehalte hinsichtlich bestimmter Themen?
- Welche „heimlichen Vermeidungsstrategien" hat die MitarbeiterInnengruppe entwickelt, um sich bestimmten Anforderungen nicht zu stellen?
- Gibt es Mitarbeiterinnen – wenn ja, welche –, die dafür sorgen, daß die Tiefe inhaltlicher oder beziehungsorientierter Diskussionen nicht produktiv entwickelt werden kann?
- Was wissen die MitarbeiterInnen überhaupt von den Fragen/Schwerpunkten der anderen, und was ist für dieses Team nötig, um mehr voneinander/übereinander zu wissen?

Konzeptions(üb)erarbeitungen bieten Zeit und Raum, damit viele **vernachlässigte Themen oder (un)bewußt zurückgedrängte Schwerpunkte erneut aufgegriffen werden können und sich eine neue Kultur der Öffnung/Offenheit** im Team entwickelt.

2.2 Auswirkungen im Außenverhältnis zu den „Kindern"

Kinder entwickeln sich durch die Festigkeit und Kontinuität ihrer erlebten Beziehungen. Dabei spielt es eine wesentliche Rolle, daß Kinder die Erwachsenen als grundsätzlich verläßliche Personen erfahren. Leider ist es so, daß durch Krankheiten und Kuraufenthalte, Abwesenheit durch Mutterschutzzeiten und Kündigungen, Fortbildungsbesuche und andere verständliche und berechtigte Gründe eine feste und kontinuierliche Beziehung zwischen Kindern und Erwachsenen in der Elementarpädagogik nur sehr eingeschränkt wahrgenommen werden kann.

Gleichzeitig ist es so, daß bei Ausfall- oder Fehlzeiten andere Mitarbeiterinnen des Kindergartens für die abwesende Person den Dienst übernehmen (müssen) und Kinder vor neuen Beziehungsträgern stehen.

Schnell breiten sich durch andere „Wertvorstellungen und Arbeitsschwerpunkte" bei Kindern Irritationen aus, weil sie in ihrer bisherigen Arbeit möglicherweise andere „Regeln und Umgangsformen" gewohnt waren.

Konzeptions(üb)erarbeitungen führen in entscheidender Weise dazu, daß durch die Absprache und Festlegung bestimmter Grundentscheidungen Kinder in die Lage versetzt werden, unterschiedliche Erwachsene mit ähnlichen Verhaltensmerkmalen zu erleben. So sollten während einer Konzeptions(üb)erarbeitung folgende Fragen erörtert werden:

- In welchem Maße können die Kinder dieser Einrichtung von verläßlichen Beziehungen ausgehen?
- Was bedeutet Verläßlichkeit für jede Mitarbeiterin?
- Gab/gibt es Beispiele für Unzuverlässigkeiten, durch die Kinder in ihren Gefühlen verunsichert wurden/werden?
- Welche Widersprüche in grundsätzlichen inhaltlichen Fragen müssen auf Kinder irritierend wirken, und wie sind sie zu verändern?

Selbstverständlich geht es nicht darum, daß alle MitarbeiterInnen ein gleiches Verhalten zeigen. Das würde an automatisierte Maschinen erinnern, die im Sinne eines Gleichklanges lediglich eine vorgegebene Funktionalität ausdrücken würden. Vielmehr handelt es sich bei diesem Gesichtspunkt um Grundsatzentscheidungen, die von allen MitarbeiterInnen getragen und in entsprechenden Verhaltensweisen umgesetzt werden. Nur so erfahren Kinder damit bei allen Erwachsenen der Einrichtung ein großes Maß an Verläßlichkeit, auch wenn „ihre" Erzieherin aus unterschiedlichen Gründen einmal ausfällt.

Viele MitarbeiterInnen begründen *ihre* Pädagogik mit subjektiven Meinungen oder Einstellungen, von deren Richtigkeit sie überzeugt sind. Demgegenüber leitet eine kindorientierte Pädagogik ihre Schwerpunkte und Grundsätze aus einer diskursiven Diskussion anhand inhaltlicher und faktenbelegter Argumentationen ab. Es zählt nicht das, was gemeint oder gewünscht ist, sondern das, was notwendig und belegbar ist!

Konzeptions(üb)erarbeitungen zwingen daher zu folgenden Überlegungen:

- Wurden getroffene Entscheidungen tatsächlich im Interesse einer begründbaren Entwicklungsbegleitung von Kindern getroffen oder eher im Sinne subjektiver Ansichten?
- Trägt die Entscheidung dazu bei, Kinder in ihrer Selbständigkeit und Autonomie zu unterstützen, oder gründet sie eher auf der Tatsache, daß es zu einem reibungsloseren Verlauf des Arbeitsalltags kommen kann?
- Dient die Entscheidung der eigenen Bequemlichkeit, oder werden auch Konflikte in Kauf genommen?

Durch diese oder ähnliche Fragen sind MitarbeiterInnen aufgefordert, **Entscheidungen zu reflektieren und möglicherweise zu verändern,** um immer wieder aufs neue die Kinder mit ihren berechtigten Ansprüchen in den Mittelpunkt einer Betrachtung zu stellen.

Werden bzw. wurden bei Konzeptions(üb)erarbeitungen Absprachen getroffen, so können sie durch die schriftliche Form der Konzeption jederzeit überprüft werden; damit erhöht sich die Sicherheit, daß Kinder feste Orientierungspunkte in der Umgangs- und Gestaltungskultur des Tagesablaufes erhalten. Absprachen sind verbindliche Eckwerte im Umgang miteinander, und so tragen Konzeptions(üb)erarbeitungen dazu bei, folgende Fragen zu diskutieren:

- Welche Absprachen – zur Gestaltung der Arbeit und im Umgang mit Kindern – wurden in den letzten Jahren getroffen?
- Welchen aktuellen Wert haben diese Absprachen?
- Wie wurden/werden sie eingehalten?
- Welche neuen Absprachen sind im Hinblick auf eine neue Pädagogik im Kindergarten erforderlich, und welche Absprachen müssen daher aufgehoben werden?
- Welche Schwierigkeiten können durch die neuen Absprachen entstehen und wie kann ihnen kompetent begegnet werden?

Durch eine sorgfältige und gewissenhafte Bestandsaufnahme bisheriger Absprachen sowie durch ernsthafte, neue Entscheidungsfindungen tragen die MitarbeiterInnen dazu bei, daß **Absprachen von allen eingehalten werden** und gerade Kinder entscheidend davon profitieren.

Viele Ziele in der Elementarpädagogik sind von Erwachsenen für Kinder formuliert. So „sollen" Kinder etwa mehr Verständnis für andere Jungen und Mädchen aufbringen, besser und genauer zuhören, sie sollen teilen lernen und die Bedürfnisse anderer mehr achten. Sie sollen ein tieferes Verständnis für eine „gesunde" Ernährung entwickeln und „friedlich" Konflikte lösen. Die Formulierung unzähliger Erwachsenenziele für Kinder könnte endlos fortgesetzt werden, geht es doch immer darum, daß aufgrund beobachteter „Defizite" Ziele und Aufgaben propagiert werden, die auf eine Zukunft ausgerichtet sind. Dabei geht schnell und unbemerkbar die Wertschätzung gegenwärtigen Lebens verloren. Zusätzlich fallen Hintergründe für „egoistisches Verhalten" – was für Kinder notwendig und natürlich ist – immer mehr in den Hintergrund.

Eine Konzeptions(üb)erarbeitung hilft den MitarbeiterInnen, ihren Anspruch eines aktiven „Lebens und Lernens mit Kindern" zu überprüfen. Dabei können z. B. folgende Fragen hilfreich sein:

- Gibt es Verhaltensweisen der Erwachsenen, die Kinder in ihrer Entwicklung eher hindern als fördern?
- Was bedeutet die Aussage, aktiv und gemeinsam mit Kindern zu leben und zu lernen?
- Welches Rollenverständnis liegt den Inhalten und Zielen der Kindergartenpädagogik zugrunde?
- Werden Entscheidungen und Schwerpunkte für Kinder oder mit Kindern getroffen?
- Ist die Pädagogik eher defizitär (= gegen die Schwächen von Kindern) oder kompetenzstützend (mit den Stärken der Kinder) gekennzeichnet?

Durch diese und andere Überlegungen werden MitarbeiterInnen in die Lage versetzt, ihren Anspruch des „Lebens und Lernens mit Kindern" anhand vieler Beispiele zu reflektieren, um sich einerseits von Widersprüchen zu verabschieden und andererseits auf neue Wege einzulassen.

Die Aussage, eine „Pädagogik vom Kinde aus" zu realisieren, ist ebenso wichtig wie notwendig, wenn es darum gehen muß, Kinder bei ihrer schwersten Arbeit, ihrer Entwicklung, aktiv zu unterstützten.

Allzu schnell läßt sich dieser Satz allerdings auch dahersagen, ohne ihn in eine Übereinstimmung mit der realen Praxis zu bringen.

So wird jede MitarbeiterInnengruppe, die ernsthaft an ihrer Konzeptions(üb)erarbeitung beteiligt ist, sich mit folgenden Überlegungen auseinandersetzen (müssen):

- Welche Beispiele lassen sich finden, um zu verdeutlichen, wessen BündnispartnerInnen die ErzieherInnen sind?
- Wird eher den Erwartungen der Eltern, des Trägers, der direkten Öffentlichkeit oder des eigenen MitarbeiterInnenstabs entsprochen, als daß Kinder in ihren berechtigten Bedürfnissen an erster Stelle Beachtung finden?
- Erhalten Aufsichts- und Haftungsfragen eine höhere Wertigkeit als etwa die Interessen der Kinder?
- Welche „Kinderrechte" werden konsequent beachtet und welche Kinderrechte unterbunden?
- Verstehen sich die ErzieherInnen als bewußte GeheimnisträgerInnen der Kinder, oder werden Verhaltensweisen gezeigt, bei denen Kinder sich verraten fühlen?

In ernsthaften Auseinandersetzungen über die **Glaubwürdigkeit getroffener Aussagen und praktizierter Verhaltensweisen** können Kinder die ErzieherInnen als BündnispartnerInnen erleben, weil sie die Erfahrung machen (dürfen), daß ihnen zustehende Rechte tatsächlich zuerkannt werden.

Auswirkungen auf das Außenverhältnis „Öffentlichkeit"

Jede Einrichtung leitet ihre besondere Arbeit, ihre Aufgaben und Schwerpunkte aus den Eckwerten des besonderen Umfeldes ab, aus dem die Kinder kommen. So kann (und darf) keine Arbeit einer Einrichtung mit einer anderen identisch oder vergleichbar sein.

Eine Konzeption trägt damit „die unverwechselbare Handschrift dieser bestimmten Einrichtung und verdeutlicht ihr eigenständiges Profil". Eltern, andere Institutionen und Fachdienste, die in einem unmittelbaren oder mittelbaren Kontakt zum Kindergarten stehen, die zuständige Ausbildungsstelle für den Ort des Kindergartens oder etwa die Kinderärzte können sich mit Hilfe der Konzeption ein Bild machen, welches Arbeitsverständnis, welche Grundlagen der Pädagogik und welche Schwerpunkte in diesem Kindergarten vertreten und umgesetzt werden.

Pädagogik ist faßbar und tritt deutlich aus einer bisherigen „Grauzone" heraus, bei der es nicht selten hieß, daß „alles begründbar und damit richtig ist".

Durch die eindeutig formulierten pädagogischen Ziele, Schwerpunkte und Aufgaben eröffnet der Kindergarten die Möglichkeit, seine Eigenständigkeit im Rahmen anderer pädagogischer Einrichtungen herauszustellen, etwa wenn es um den besonderen Bildungs-, Erziehungs- und Betreuungsauftrag der Elementarpädagogik geht. Der Kindergarten grenzt sich u. a. von der Schulpädagogik ab, weil es für ihn um andere Aufgaben und Ziele geht. Dabei bleibt es nicht bei einer Abgrenzung; vielmehr kommt es zu einer Transparenz (= Durchschaubarkeit) dieser Entscheidung.

Konzeptions(üb)erarbeitungen helfen dabei, fachkompetente Aussagen zu treffen und festzuschreiben, um auch allen Interessenten die Möglichkeit zu bieten, die Praxis mit den Konzeptionsformulierungen zu überprüfen.

Darüberhinaus ergeben sich weitere Vorzüge vorhandener Konzeptionen. So können sich PraktikantInnen im Vorwege ein klares Bild von der Einrichtung machen, BewerberInnen für eine ausgeschriebene Stellenanzeige haben die Chance, die Einrichtung und das Selbstverständnis der MitarbeiterInnen im Vorwege kennenzulernen, und der Träger weiß ebenso die Qualität einzuschätzen wie die gesamte Öffentlichkeit.

3. Erstellung einer Konzeption

Die Erstellung einer einrichtungsinternen Konzeption ist immer ein mühevoller, aber lohnender Weg, sich mit sich selber und in Zusammenarbeit mit den KollegInnen daran zu begeben, sich über die eigene Arbeit stetig klarer zu werden und am Profil der Arbeitsstelle zu arbeiten.

Mühevoll bedeutet im einzelnen, daß

- Widersprüche offen diskutiert werden (müssen);
- Einstellungen und Arbeitseinschätzungen bestätigt, aber auch verworfen werden (können);
- der Zeitaufwand als belastend und unnötig erlebt werden kann;
- verdeckte Konflikte offen zutage treten (können);
- jede(r) Mitarbeiter(in) gefordert ist, Stellung zu beziehen;
- Wissenslücken offenbart werden (können);
- heimliche Regeln – Alltagsmuster – zur Sprache kommen (können/ müssen) und
- schließlich die MitarbeiterInnen immer deutlicher durch ihren aktiven Gedankenaustausch zu einem Team zusammenwachsen.

Eine Einrichtungskonzeption ist das Produkt der eigenen Leistung, weil die Inhalte individuell zusammengetragen, diskutiert, von verschiedenen Seiten erörtert, verworfen oder bestätigt werden und sie damit das Ergebnis einer inhaltlichen Suchphase darstellen.

Eine Konzeption zu erstellen verlangt

- Mut, weil es um persönliche und fachliche Auseinandersetzungen geht;
- Risikofreude, weil es um die Offenlegung eigener (In)Kompetenzen und Profilierung geht;
- Belastbarkeit, um den anderen – auch bei noch so ungewohnten Gedankengängen – zuzuhören, ohne vorschnell zu bewerten;
- Neugierde, andere Sichtweisen zu verstehen und nachvollziehen zu wollen;
- Interesse an Fachauseinandersetzungen, um neue Sinnzusammenhänge zu entdecken und Vernetzungen herzustellen;
- Wertschätzung, Beiträge anderer mit Zeit zu reflektieren;
- Selbstdisziplin, abgesprochene Regeln und Strukturen zu beachten;

- klare Stellungnahmen, um aus einer Grauzone inhaltlich fließender Aussagen deutlich zu erfassen;
- Motivation im Hinblick auf eine Suche nach Lösungen, ohne zu schnell bei Mißerfolgen zu resignieren;
- Offenheit, das zu sagen, was auch gedacht wird;
- Entscheidungsfreude, sich bei Abstimmungen und Formulierungen für oder gegen etwas auszusprechen;
- Konzentration, um bei wesentlichen Diskussionspunkten „am Ball zu bleiben";
- genaues Zuhören, um Widersprüche offenzulegen;
- Kraft, um mit Ausdauer ein Ergebnis erreichen zu wollen/zu können.

Eine Erhebung unter Kindergärten, die sich an den mühevollen Weg einer Konzeptions(über)arbeitung herangewagt haben, zeigte daher zwei unterschiedliche Herangehensweisen. Die einen bereiteten die Möglichkeit vor, selber eine Konzeption zu erstellen/zu reflektieren, die anderen nahmen dabei einen weitaus leichteren Weg auf sich: Sie schrieben andere sozialpädagogische Einrichtungen an, von denen sie wußten, daß diese schon eine Konzeption erarbeitet hatten, und besprachen diese auf ihren MitarbeiterInnensitzungen, äußerten ihr Miß-/Gefallen an einzelnen Aussagen und übernahmen dann Teile aus dieser Fremdkonzeption für die eigene Formulierung. Oder – was noch bedenklicher ist – es wurde z. B. der Weg gewählt, daß sich die LeiterInnen von Einrichtungen in ihr Büro zurückzogen und für „ihre MitarbeiterInnen" eine Konzeption verfaßt haben.

Mit den letzten beiden Beispielen ist der Sinn einer Konzeptions(über)arbeitung völlig zunichte gemacht. Schließlich liegt die Bedeutung einer Konzeptions(über)arbeitung in der Beteiligung aller(!), so daß Gedankengänge und Entscheidungen nachvollzogen werden können und eigene Sachkompetenzen zur Entwicklung der Konzeption eingebracht/genutzt werden. Sicherlich – um ein Bild zu verwenden – ist es schon verlockend, sich an ein vorbereitetes Buffet zu setzen und sich verwöhnen zu lassen, doch weiß man die Speisen noch besser zu schätzen, wenn man selber an der Herstellung des Buffets aktiv beteiligt war. Die im obigen Teil aufgeführten Merkmale für das, was von den MitarbeiterInnen bei einer Konzeptionserstellung „verlangt" wird, sollen an dieser Stelle sicherlich nicht entmutigen. Vielmehr geht es darum, sich von Anfang an mit offenen Augen und einem klaren Blick auf die Anforderungen einzustellen, um die dafür veranschlagten Zeiträume nicht verstreichen zu lassen, sondern intensiv zu nutzen.

Jede Mitarbeiterin/jeder Mitarbeiter, der schon an einer qualitativen Einrichtungskonzeption gearbeitet hat, weiß um die Anforderungen, die eine solche Tätigkeit abverlangt. Gleichzeitig macht es aber auch zufrieden und glücklich, am Schluß einer Konzeptions(über)arbeitung das fertige Produkt in Händen zu halten. Das schweißt MitarbeiterInnen zusammen, läßt die teilweise hohen Anspannungen während der Arbeit vergessen und vermittelt allen ein großes Maß an Stolz, ist es doch gewissermaßen ein „eigenes Buch" der Einrichtung, das die MitarbeiterInnen geschrieben haben.

Darin unterscheidet sich die Erstellung einer Konzeption auch von anderen gemeinsamen Aktivitäten: Bei gemeinsamen Festen und Feiern steht neben dem Lustprinzip auch die Verpflichtung für die Sorge eines eher „reibungslosen" Ablaufes; bei Ausflügen wird häufig Wert auf das „soziale Miteinander" gelegt, und bei gemeinsamen Projekten steht der Ablauf im Vordergrund. Eine Konzeptions(üb)erarbeitung verbindet alle Elemente:

Lust und Frust,
Stolz und Angst,
Ichorientierung und Sozialausrichtungen,
Engagement und Zurückhaltung,
Inhaltsdiskussion und Beziehungskämpfe,
Kraft und Schwäche,
Bestätigung und Ablehnung,
Freude und Ärger,
Aufregung und Langeweile,
Anspannung und Erholung,
Motivation und Abwehr.

Keine Form der Fort- oder Weiterbildung, keine Art der Auseinandersetzung in MitarbeiterInnengruppen und keine inhaltliche Qualitätssuche in der Arbeit vereinigt soviele Erfahrungen auf einmal wie eine zielgerichtete Konzeptions(üb)erarbeitung. Es ist daher ausgesprochen schade, wenn MitarbeiterInnen sich dieses Erlebnis entgehen lassen, und es ist ausgesprochen hilfreich, wenn MitarbeiterInnen diese Erfahrung zulassen, unternehmen sie damit doch den gleichen Versuch wie Kinder in ihrem Alltag, nämlich den, Klarheit in ihrem Leben zu gewinnen. Was Kinder damit täglich auf sich nehmen, sollte für pädagogische Fachkräfte eine selbstverständliche Verpflichtung sein.

3.1 Vorbereitung durch die MitarbeiterInnen

Da eine Konzeptions(üb)erarbeitung eine arbeitsintensive, anstrengende und zeitfordernde Tätigkeit ist, kann sie nicht „einfach zwischen Tür und Angel" geplant und durchgeführt werden, sondern braucht bestimmte Vorüberlegungen, damit gesetzte Ziele im Hinblick auf Umfang und Qualität erreicht werden können. Bei genauerem Hinsehen beginnt eine Konzeptions(üb)erarbeitung nicht erst mit dem Sammeln und Diskutieren der einzelnen Inhaltsbereiche, sondern sie fängt schon mit dem intensiven Vorbereiten selbst an, gilt es doch schon an dieser Stelle, Einigungen zu erzielen.

Folgende Fragen sollten daher rechtzeitig geklärt werden:

● Aspekt der anwesenden/mitarbeitenden Personen
  – Arbeiten alle festangestellten MitarbeiterInnen der Einrichtung mit?
  – Besteht der (berechtigte) Anspruch, daß auch PraktikantInnen dabei sein werden?
  – Ist es sinnvoll, auch das „technische Personal" einzuladen (Reinigungskräfte/Hausmeister/ggf. BusfahrerInnen)?
  – Sollen externe Honorarkräfte, die in der Einrichtung tätig sind, dabei sein?
  – Wird die Mitarbeit von ElternvertreterInnen gewünscht?
  – Sollen TrägervertreterInnen mitarbeiten?
(Anmerkung zu den beiden letzten Punkten: Es ist sicherlich sinnvoll, Eltern- und TrägervertreterInnen dabeizuhaben, um sie an allen Gedanken und Entscheidungsüberlegungen zu beteiligen. Dies allerdings nur, wenn das Team sich in bestimmten Grundsatzfragen einig ist. Problematisch wird es, wenn Machtauseinandersetzungen in der MitarbeiterInnengruppe zu erwarten sind, so daß Eltern- und TrägervertreterInnen interne Auseinandersetzungen mitbekommen und zudem unter Umständen eine notwendige Offenheit verhindern.)

● Aspekt der externen Hilfe/Beratung
  – Soll die Konzeptions(üb)erarbeitung alleine oder mit fremder Hilfe vorgenommen werden?
  – Welche Personen kämen bei einer Begleitung/Beratung in Frage? (Referenten von Fort-/Weiterbildungsinstitutionen, Lehrkräfte aus Fachschulen, FachberaterInnen)
  – Wie unabhängig sollten/müssen ReferentInnen vom Träger/der Einrichtung sein, um objektive Hilfe zu gewährleisten?

   – Welche Auswirkungen bestehen im Hinblick auf eine ReferentInnen/FachberaterInnenwahl?

● **Aspekt der Zeit**
   – Ist es sinnvoll, wöchentliche Team-/MitarbeiterInnenbesprechungen zur (Üb)Erarbeitung einer Konzeption zu nutzen? (Zerrissenheit kontinuierlicher Arbeit)
   – Soll an Wochenenden oder an Abenden gearbeitet werden? (Freizeit/Überstunden-/Mehrstundenregelung)
   – Kann der Kindergarten z. B. eine einwöchige Schließzeit arrangieren, um zeitverbunden an einem Stück zu arbeiten?
   – Wann sollen die Konzeptions(üb)erarbeitungstage stattfinden und über welchen genauen (!) Zeitraum?
   – Ist es gewährleistet, daß an diesen Tagen alle KollegInnen anwesend sein können?

● **Aspekt des Ortes**
   – Soll die Konzeptions(üb)erarbeitung im Kindergarten stattfinden (mit allen möglichen Störungen, wie z. B. dem Telefon oder Eltern, die für sie wichtige Dinge klären wollen?)
   – Kann ein Raum im Gemeindehaus genutzt werden?
   – Was spricht dafür/dagegen, in einer großen Wohnung einer Kollegin zu arbeiten (Verknüpfung Beruf und Privatheit)?
   – Ist es möglich, sich für die Zeit in eine Tagungsstätte zurückzuziehen, um eine notwendige Arbeitsatmosphäre herzustellen?
   – Wie hoch wären die Kosten für Unterkunft und Verpflegung bei einer externen Unterbringung?
   – Ist es möglich, in der Zeit der Konzeptions(üb)erarbeitung ein Ferienhaus günstig anzumieten (mit Selbstverpflegung)?

● **Aspekt der Regelung für Kinder**
   – Soll in der Zeit einer Konzeptions(üb)erarbeitung der Kindergarten ganz geschlossen werden?
   – Soll/kann/muß eine sogenannte „Notgruppe" eingerichtet werden?
   – Ist es möglich, daß bei einer Institutionsschließung ein Elterndienst organisiert werden kann? (Das betrifft sowohl die Betreuung der „Notkinder" im Kindergarten als auch eine private Mitnahme der Kinder berufstätiger Eltern in andere Familien von Kindergartenkindern.)
   – Können KollegInnen aus anderen Kindergärten Vertretung machen?

● Aspekt der Eltern(vor)information
  – Wie sieht die Information der Eltern zur Konzeptions(üb)erarbeitung genau aus?
  – Wie rechtzeitig und bis wann müssen die Eltern im Vorwege über die notwendigen Regelungen informiert werden bzw. wie können die Eltern im Sinne einer hilfreichen Zusammenarbeit in die Vorplanungen miteinbezogen werden?
  – Welche Möglichkeiten der Mitarbeit bestehen (von der Teilnahme bis zur Versorgung mit Speisen)?

● Aspekt der Träger(vor)information
  – Wann soll/muß mit dem Träger Kontakt aufgenommen werden, um ihn über die Konzeptions(üb)erarbeitung zu informieren?
  – Welche Möglichkeiten hat der Träger, die Zeit der Konzeptions(üb)erarbeitung als Über-/Mehrstunden – falls notwendig – anzurechnen?
  – Wie sieht der Wunsch der MitarbeiterInnen aus, den Träger an der Konzeptions(üb)erarbeitung inhaltlich/zeitlich zu beteiligen?
  – Wer informiert den Träger über die Tragweite/Bedeutung der Konzeption?
  – Welche Kosten können vom Träger übernommen werden?

● Aspekt der Vorbereitung der MitarbeiterInnen
  – Sollen im Vorwege andere Kindergärten besucht werden, um Eindrücke über andere Arbeitsweisen zu erhalten?
  – Sollen im Vorwege Konzeptionen aus anderen Einrichtungen angefordert und gelesen werden?
  – Ist es ratsam, im Vorwege MitarbeiterInnen aus anderen Einrichtungen, die schon eine Konzeption erarbeitet haben, einzuladen und sich von den Erfahrungen berichten zu lassen?
  – Muß im Vorwege bestimmte Fachliteratur gelesen werden?
  – Welches Arbeitsmaterial (z. B. Karteikärtchen, große, weiße Papierbögen, Scheren, Klebestreifen, verschiedenfarbige Filzstifte ...) ist notwendig, und wer besorgt es?
  – Wer organisiert die Verpflegung für die Zeit der Konzeptions(üb)erarbeitung?
  – Was ist im Privatbereich der einzelnen MitarbeiterInnen für die Zeit zu regeln/zu organisieren?

● Aspekt der möglichen Gesamtkosten
  – Honorar- und Fahrtkosten für den Referenten/die Referentin;

– Kosten für mögliche Vertretungskräfte;
– Kosten für das Arbeitsmaterial;
– Kosten bei einer externen Unterbringung: Raummiete, Unterkunft, Verpflegung, Fahrtkosten;
– mögliche Kosten für den Druck der Konzeption (Gestaltung, Folien, Druckauflage ...)

● Aspekt der Prioritätensetzung
– Welche Vorhaben/Projekte sollen/müssen/können in der Zeit der Konzeptions(üb)erarbeitung zurückgestellt werden?
– Welche Vorhaben/Projekte müssen unbedingt auch neben der Konzeptions(üb)erarbeitung beachtet und weitergeführt werden?

Erst wenn alle Fragen gemeinsam in der MitarbeiterInnenrunde sorgsam besprochen und geklärt wurden, sollte die (Üb)erarbeitung der Konzeption eingeleitet werden.

So zeigt(e) sich immer wieder in der Praxis, daß bei einer guten, strukturierten und rechtzeitigen Vorbereitung der Grundstein für den Erfolg einer Konzeptions(üb)erarbeitung gelegt wird. Alle „Eventualitäten" können sicherlich nicht ausgeräumt werden, doch erreicht eine Vorbereitung immerhin eine deutliche Minimalisierung von Irritationen oder Enttäuschungen.

Bei der Zeitplanung ist darauf zu achten, daß bei längeren, aufgeteilten Treffen die Zeitspanne nicht zu lang sein darf. Dann nämlich sinkt die Motivation vieler MitarbeiterInnen zu Recht (Aussage: „Schon wieder unsere Konzeption. Gibt es denn nichts anderes als nur das?"), so daß immer – falls möglich – ein Zeitblock (z. B. von fünf Tagen) vorzuziehen ist. Die Aussage mancher MitarbeiterInnen, „das gehe nicht", kann so nicht ohne Widerspruch hingenommen werden, zumal es immer ein Versuch wert ist, auch neue Arbeitsformen zur Verbesserung der Qualität zu probieren und fachorientiert beim Träger durchzusetzen.

Dasselbe gilt für die Entscheidung, in einer Tagungsstätte arbeiten zu wollen oder sich für die Zeit der Konzeptions(üb)erarbeitung in einem Ferienhaus einzumieten. Einerseits bringt diese Abgeschlossenheit vom Alltag (vom Kindergarten und der eigenen Familie/Partner(in)/Freund(in)) ein hohes Maß an Konzentration mit sich, auf der anderen Seite schweißt es eine MitarbeiterInnengruppe ein weiteres Stück zu einem Team zusammen. Unverständlich, ja ärgerlich wird es für arbeitsmotivierte KollegInnen, wenn sich einzelne MitarbeiterInnen z. B. gegen eine externe Tagungsstätte aussprechen bzw. dort nicht übernachten wollen, weil es aus ihrer Sicht viele Gründe gibt, die dagegensprechen (Versorgung der Kinder/des Partners/der Haustiere etc.). Solche Gründe haben erst dann ihre Berechtigung, wenn alle Möglichkeiten ausgeschöpft wurden, eine Lösung zu finden und tatsächlich keine Klärung gefunden werden konnte. So können sich selbstverständlich Freundinnen/Freunde oder der Ehepartner bzw. die Eltern für die Zeit um die Kinder kümmern, Nachbarn können die Haustiere versorgen, und Partner können auch einmal ohne ihre Partnerin für einen begrenzten Zeitraum auskommen. Nicht umsonst heißt es im Volksmund:

Nicht können heißt, nicht wollen.

3.2 Schrittfolge zur Erstellung einer Konzeption

Haben sich die MitarbeiterInnen entschieden, eine Konzeption zu erstellen, so ist der Erfolg einer guten Konzeption auch davon abhängig, wie strukturiert und geplant der Ablauf in seinen Einzelschritten aufeinander aufgebaut ist. Im folgenden Teil wird eine Übersicht vorgestellt, die sich in vielen Teams seit vielen Jahren bewährt hat. Dennoch ist den einzelnen MitarbeiterInnengruppen selbstverständlich die Möglichkeit gegeben, eigene Schrittfolgen zu wählen.

A) Aus den Vorüberlegungen zum Konzeptionstext
  a) Erörterung der Arbeitsbedingungen in der Einrichtung, Austausch über Zufriedenheit und Unzufriedenheit mit bestimmten Eckwerten und Diskussion über Veränderungswünsche/-möglichkeiten im Sinne einer Perspektivschau;
  Erörterung des gesetzlichen Auftrags der Kindertagesstätte anhand des Kinder- und Jugendhilfegesetzes und des Kindertagesstättengesetzes des betreffenden Bundeslandes bzw. deren Ausführungsbestimmungen;
  Erörterung des Auftrags/der Erwartungen des Trägers und offene Diskussion über Zustimmung und Ablehnung bestimmter Punkte.
  b) Sammlung gesellschaftlicher Einflußfaktoren, die ihre besonderen Auswirkungen auf Kinder haben (Kindheiten heute) sowie Erörterung der familiären Situationen;
  Beschreibung des Lebensumfeldes und der Lebensbedingungen der Kinder vor Ort unter Berücksichtung der familiären Lebens- und Arbeitsverhältnisse;

Bestandsaufnahme der häufigsten Schwierigkeiten, die Kinder in ihrem Verhaltensrepertoire haben und in der Kindertagesstätte zum Ausdruck bringen; Verstehen des Erzählwertes der Symbolik dieser Verhaltensweisen und Erörterung der Frage, was Kinder und Eltern brauchen?

Vergleich der Punkte, was Kinder und Eltern brauchen mit einer Bestandsaufnahme der Arbeit der letzten Monate im Hinblick darauf, was Kinder und Eltern bezüglich ihrer Bedürfnisse und Interessen tatsächlich erhalten haben;

c) Festlegung grundsätzlicher Ziele, Aufgaben und Schwerpunkte, die bei der gesamten Konzeptions(üb)erarbeitung Berücksichtung finden sollen/müssen.

d) Sammlung von Oberbegriffen (Überschriften), die als inhaltliche Schwerpunkte in der Konzeption ausgeführt werden sollen. So z.B.

- Vorwort
- Auftrag (Aufgabe) der Kindertagesstätte
- Pädagogischer Ansatz
- Religionspädagogik (bei konfessionellen Trägern)
- Kinder im Mittelpunkt
- (Besondere Schwerpunkte)
- Bedeutung und Stellenwert des Spiels
- Person der ErzieherInnen
- Zusammenarbeit der MitarbeiterInnen
- Zusammenarbeit mit Eltern
- Zusammenarbeit mit dem Träger
- Zusammenarbeit mit Fachdiensten/Institutionen
- Öffentlichkeitsarbeit
- Anleitung/Beratung von PraktikantInnen
- Fort-, Weiter- und Zusatzausbildung
- Rahmenbedingungen
- Nachwort
- Literaturverzeichnis ausgewählter Grundlagenbücher

e) Anheften dieser Oberbegriffe an eine freie Wand und Sammlung von Wörtern/Kurzsätzen zu den einzelnen Überschriften; Anbringen der eigenen Ergänzungen unter die jeweiligen Oberbegriffe, so daß sie von allen gesehen/gelesen werden können.

f) Besprechung der gesammelten Wörter/Begriffe/Sätze und Überprüfung ihres Aussagewertes.

g) Im Anschluß an die abgeschlossene Besprechung: Formulierung eines ersten Konzeptionsentwurfs.

h) Klärung unter den MitarbeiterInnen, wer diesen ersten Entwurf auf der Schreibmaschine/dem PC sauber tippt/ausdruckt und zur Besprechung erneut vorlegt.

i) Besprechung des ersten Entwurfs und Vornahme möglicher Korrekturen.

j) Weitergabe des ersten Konzeptionsentwurfs an den Träger mit der Bitte um Stellungnahme innerhalb eines vorgegebenen Zeitrahmens.

k) Gemeinsames Treffen mit dem Träger und Besprechung des ersten Konzeptionsentwurfs.
Bei Unstimmigkeiten/Änderungswünschen ggf. Erstellung eines korrigierten ersten Entwurfs.

l) Weitergabe dieses Konzeptionsentwurfs an die ElternvertreterInnen mit der Bitte um Stellungnahme innerhalb eines vorgegebenen Zeitrahmens.

m) Gemeinsames Treffen mit den ElternvertreterInnen und Besprechung der Inhalte.
Bei Unstimmigkeiten/Änderungs-/Ergänzungswünschen ggf. in einer Eltern-/Träger-/MitarbeiterInnenkonferenz zur Klärung kommen.

n) Erstellung des fertigen Entwurfs in druckfertiger Reinschrift.

B) Vom fertigen Konzeptionsentwurf zum Druck

o) Unterschrift und Siegelung des Trägers auf der letzten Innenseite der Konzeption;
Unterschrift der MitarbeiterInnen;
Unterschrift der ElternvertreterInnen.

p) Absprache zur Gestaltung der Konzeption (Klärung zum Layout).

r) Festlegung der Auflagenhöhe.

s) Preisvergleiche in Druckereien und Angebote einholen.

t) Erteilung des Druckauftrags an die ausgewählte Druckerei (Diskussion der Möglichkeit der Finanzierung über Social-Sponsoring, d. h. die Teil(finanzierung) durch Firmen/Unternehmen bezüglich eines fest umrissenen Projekts).

C) Vom Konzeptionsdruck zur Öffentlichkeitsarbeit

u) Verteilen der Konzeptionen an alle Eltern

v) Verteilen/Verkauf der Konzeptionen an andere Einrichtungen zur Transparenz der *eigenen* Pädagogik.

w) Verteilen der Konzeptionen an alle Fachdienste, die mit dem Kindergarten in Beziehung stehen.

x) Bekanntgabe der Gültigkeit der Konzeption von dem jetzigen Zeitpunkt an.

D) Arbeit mit der Konzeption

y) Erprobung der Konzeption und regelmäßige Zwischensitzungen mit dem Ziel, Erfahrungen auszutauschen, mögliche Korrekturwünsche zu äußern, Bestätigungen vorzunehmen.

z) Die Gesamtgültigkeit der Konzeption unterstreichen oder Anmerkungen zur Veränderung bei einer erneuten Konzeptionsüberarbeitung festhalten und in einem Ordner sammeln.

Der Zeitraum einer Konzeptionserarbeitung ist von dieser Stelle aus schwer einzuschätzen, ist er doch von der Arbeitsintensität und besonderen Bedingungen abhängig.

Beispiele aus der Praxis zeigen, daß durchschnittlich sechs bis 15 Monate Zeit gebraucht werden, ehe eine Konzeption als Druck vorliegt.

Sicherlich ist es nicht immer notwendig, eine Konzeption in einer Druckerei herstellen zu lassen. So ist es eine Frage der Kosten und des Anspruches bezüglich des äußeren Erscheinungsbildes. Wenn eine Konzeption mit „Bordmitteln" veröffentlicht werden soll/muß, dann schaffen es auch gute Ausdrucke aus einem PC.

Was allerdings wenig stilvoll wirkt und der intensiven Arbeit einer Konzeptionserstellung nicht gerecht wird, ist ein sorgloses Kopieren eines Entwurfs. Selbst beste Inhalte kommen dadurch nicht angemessen zur Wirkung und nehmen damit der Bedeutung einer Konzeption den (vollständigen) Wert.

Zwei Anmerkungen zum Schluß:

1. Bei der Heftung einer Konzeption gibt es verschiedene Formen: Zum einen bietet sich eine Spiralbindung an (Vorteil: bestimmte Seiten können bei nachträglichen Korrekturen einfach ausgetauscht werden), zum anderen gibt es die Heftbindung. Sie wirkt ansprechend wie ein kleines Büchlein. Ein Zusammenheften mit einem „Klammeraffen" oder mit einer Plastikschiene wirkt – mit Verlaub gesagt! – stillos und primitiv.

2. Bei der Umschlaggestaltung sollte Wert darauf gelegt werden, daß schon vom ersten Eindruck her Neugierde provoziert und eine deutliche Ansprechbarkeit realisiert wird.

3.3 Arbeitsweisen und Methoden

Bei der Sammlung und Formulierung der vielen Begriffe/Kurzsätze zu den Überschriften einer Konzeption ist es sinnvoll, bestimmte Arbeitsweisen und Methoden zu beachten.

a) Zunächst sollten alle MitarbeiterInnen von dem Zeitpunkt an, zu dem die Überschriften gut lesbar und sichtbar (z. B. auf DIN A 4 Blättern) an einer großen Wand nebeneinander gehängt wurden, einen Halbkreis mit ihren Stühlen darum bilden und ihre Gedanken auf kleine Karteikärtchen schreiben.

b) Während der Sammlung der Gedanken sollte möglichst nicht gesprochen werden. Das mag sich auf der einen Seite sehr dirigistisch anhören, ist es aber bei näherem Betrachten nicht, weil es einen tieferen Sinn beinhaltet. Bei jedem Brainstorming/Brainwriting ist es ausgesprochen hilfreich, wenn die Gedanken frei fließen können, ohne daß Einwürfe oder Unterbrechungen eigene Gedankengänge immer wieder zerstören.

c) Jede Mitarbeiterin/jeder Mitarbeiter hat bei der Sammlung/dem Aufschreiben ihrer/seiner Punkte das Recht, auch wirklich das schriftlich festzuhalten, was ihr/ihm wichtig ist! Es geht nicht darum, zunächst nur das Machbare zu fixieren, sondern auch Fantasien – selbst wenn sie sehr ungewöhnlich klingen können – zu Papier zu bringen. Auseinandersetzungen und Kommentare erfolgen erst zum Abschluß dieser Suchphase.

d) Die Karteikärtchen sollten nach der Beschriftung möglichst schnell unter den entsprechenden Oberbegriff aufgehängt werden, damit die anderen MitarbeiterInnen durch das Lesen vielleicht zu neuen Gedanken provoziert werden.

e) Die Karteikärtchen sollten möglichst weiß – ohne Linien oder Kästchen – sein, damit die Schrift gut zu erkennen ist.

f) Jede Mitarbeiterin/jeder Mitarbeiter sollte eine bestimmte Farbe zum Aufschreiben nutzen, damit die SchreiberInnen bei der Besprechung schnell gefunden sind. Auch das mag sich vielleicht ungewöhnlich anhören, doch hat sich in der Praxis gezeigt, daß z. B. bei bis zu fünfzig Begriffen unter einer Überschrift der Überblick durchaus verlorengehen kann.

g) Als Schreibstifte kommen am besten kräftige Filzer in Frage. Sie sind auch bei einiger Entfernung von den MitarbeiterInnen noch gut zu lesen.

h) Doppelte Kärtchen sollten zwischen der Beendigung des Brainstormings/Brainwritings nicht sofort abgenommen werden, weil es durchaus möglich sein kann, daß mit gleichen Begriffen unterschiedliche Aussagen gemeint waren/sind.

i) Bei der Besprechung der Kärtchen wird Begriff für Begriff bzw. Kurzsatz für Kurzsatz von der Person erklärt, die den jeweiligen Text auf das Kärtchen geschrieben hat.
Danach werden Beispiele und Erfahrungen, Fragen oder Anmer-

kungen vorgenommen, um so die tiefe Bedeutung der Aussage zu qualifizieren.

j) Kärtchen, die von den MitarbeiterInnen als überflüssig nicht zutreffend beurteilt werden, können abgenommen oder deutlich sichtbar durchgestrichen werden.

k) Sofern ein Begriff/ein Kurzsatz mit Inhalt gefüllt wird, ist es hilfreich, wenn entsprechende Ergänzungen auf das Kärtchen zugeschrieben werden. Diese bilden dann später die Grundlage für die Textformulierungen.

l) Die Besprechung jedes einzelnen Kärtchens benötigt Zeit, um den Gehalt der Aussagen auch zu erfassen. Die Praxis zeigt immer wieder Beispiele, daß gerade übliche, gebräuchliche Begriffe/Wörter zu schnell als erledigt behandelt werden. So sind Wörter/Begriffe wie „kindorientiert", „Offenheit der MitarbeiterInnen", „Ehrlichkeit", „Akzeptanz der Eltern" u. a. schnell mit einer Zustimmung versehen, doch gilt es besonders hier, die Konsequenz derartiger Aussagen deutlich und mit Beispielen auszuführen. Wenn es etwa heißt: „Die Bedürfnisse der Kinder werden akzeptiert" – wie sieht es dann in der Praxis mit dem Bedürfnis von Kindern aus, andere zu schlagen/zu würgen? Oder wenn es heißt: „Kinder haben das Recht, ihre Gefühle zu zeigen" – wie sieht es mit der Akzeptanz aus, wenn Kinder laut schreiend, und das für lange Zeit, durch den Gruppenraum/den Flur laufen und ihrem Ärger auf diese unüberhörbare Art ihren freien Lauf lassen?

Die Nutzung dieser DIN A 8 Kärtchen hat gegenüber irgendwelchen Papierblättern den großen Vorteil, daß sie später umgehängt werden können und nicht wie auf einem Papier mit ungezählten Pfeilen und Anmerkungen schnell unübersichtlich werden.

Nachdem alle Kärtchen besprochen wurden, entscheidet die Gesamtgruppe, ob die Formulierung zum ersten Konzeptionsentwurf in der großen Gruppe oder in Teilgruppen/in Einzelarbeit vorgenommen wird.

Aus zeitökonomischen Gründen bietet sich die Formulierung in Kleingruppen an. Dabei finden sich MitarbeiterInnen zusammen, die entweder gerne miteinander arbeiten möchten oder die Aufteilung wird nach dem Kriterium gewählt, daß MitarbeiterInnen, die eher wenig zusammenarbeiten, nun gemeinsam an die Formulierung gehen.

Beide Möglichkeiten haben ihre besonderen Vorteile. Auf folgende Punkte sollte dann geachtet werden:

a) Sind die Teilgruppen zusammengestellt, werden die Oberbegriffe mit den dazugehörenden Begriffs-/Satz-/Inhaltskärtchen von der Wand abgenommen und auf die Teilgruppen verteilt.

b) Die Verteilung kann nach Interessegebieten oder nach dem Grad der Schwierigkeit vorgenommen werden.

c) Es ist darauf zu achten, daß ein ungefähres Gleichgewicht der Verteilung auf alle beachtet wird. Gerade „unbeliebte" Punkte – in der Praxis sind es häufig die Überschriften „Öffentlichkeitsarbeit" oder „Zusammenarbeit mit dem Träger" – sollten nicht mit einem verlegenen Blick auf den Boden übersehen werden. Hier kann z. B. ein Bezug auf die Aussage zur „Zusammenarbeit der MitarbeiterInnen" genommen werden, wenn es dort etwa heißt, daß „Mithilfe untereinander und Selbstverantwortung" ein fester Bestandteil der Teamarbeit ist. Theorie und Praxis – (k)ein Widerspruch?

d) Die MitarbeiterInnen legen einen bestimmten Zeitrahmen für die Kleingruppenarbeit fest. Je nach Größe der MitarbeiterInnen-Gruppe und der Anzahl der Überschriften beträgt die Zeitspanne zwischen vier und 6 Stunden.

f) Die Vorformulierung sollte auf DIN A 4 Blättern aufgeschrieben werden, wobei die Blätter in der Mitte geknickt sind. Die eine Hälfte kann dann beschrieben werden, die andere (freie) Hälfte dient späteren Anmerkungen und Ergänzungen.

g) Treffen sich die Kleingruppen wieder im Plenum, hat sich folgendes Vorgehen in der Besprechung als besonders hilfreich erwiesen:

- Zunächst liest eine MitarbeiterIn aus der Kleingruppe – günstig ist dabei die Beachtung der Reihenfolge der Überschriften, so wie sie nachher auch in der Konzeption erscheinen – den Entwurf ihres Textes vor, ohne von den zuhörenden KollegInnen unterbrochen zu werden.

- Nach Abschluß des Vorlesens geben die übrigen MitarbeiterInnen ihren ersten Eindruck wieder.

- Anschließend wird der Textentwurf noch einmal Satz für Satz vorgelesen, wobei Anmerkungen, Satzumstellungen, Korrekturen oder Ergänzungen vorgenommen werden können.

- Ist der Textentwurf korrigiert, wird vor Beginn des nächsten Textentwurfs noch einmal die jetzige Fassung vorgelesen und abschließend bestätigt.

Dieses Vorgehen wird bei allen Kleingruppen wiederholt. Zum Schluß einigt sich die MitarbeiterInnengruppe, welche Literaturangaben in die Konzeption aufgenommen werden. Es versteht sich von selbst, daß dabei nur die Bücher Berücksichtigung finden, die den MitarbeiterInnen bekannt sind und die in ihrer Aussagekraft von allen getragen werden (können). Da es sich in der Praxis gezeigt hat, daß solche Buchhinweise nicht nur einen „kosmetischen Charakter" besitzen, ist es für die LeserInnen der Konzeption hilfreich, wenn neben den AutorInnen und den Titeln auch die Verlage und Jahreszahlen angegeben sind.

3.4 Hilfestellungen und Hinweise zu inhaltlichen Fragen

Im folgenden Kapitel sollen nun Hilfestellungen und Hinweise zu inhaltlichen Fragen einer Konzeption aufgegriffen werden. Dabei haben die jeweiligen Unterpunkte in der Konzeption

> Vorwort,
> Auftrag der Kindertagesstätte,
> Pädagogischer Ansatz,
> Religionspädagogik (für kirchliche Trägerschaften),
> Kinder im Mittelpunkt,
> Besondere Schwerpunkte (falls gewünscht),
> Bedeutung und Stellenwert des Spiels,
> Person der ErzieherIn,
> Zusammenarbeit der MitarbeiterInnen,
> Zusammenarbeit mit Eltern,
> Zusammenarbeit mit dem Träger,
> Zusammenarbeit mit Fachdiensten/Institutionen,
> Öffentlichkeitsarbeit,
> Anleitung/Beratung von PraktikantInnen,
> Fort-, Weiter-, Zusatzausbildung,
> Rahmenbedingungen

ihre besonderen Bedeutungen und werden in den folgenden Ausführungen in jeweils zwei bzw. drei Schritten erläutert:
1. Jeder Unterpunkt wird kurz inhaltlich skizziert, um Grundlagen zu beschreiben, die dabei helfen können, in der MitarbeiterInnengruppe darüber zu diskutieren/andere Aspekte abzuleiten.
2. Nach jeder Themeneinführung folgt ein Brainstorming, in dem (bewußt ungeordnet!) kurze Aussagen zum Thema auf den Punkt gebracht wurden. Einerseits dienen diese Punkte dazu, sie auf die eigene Praxis zu übertragen, zu bestätigen oder zu verwerfen, andererseits sollen sie eigene, neue, vielleicht bisher ungenannte Merkmale provozieren, um einen immer deutlicheren Bezug zur eigenen

Einrichtung herzustellen. Diese vorgegebenen und neu gefundenen Aussagen können dann geordnet und für die Konzeption ausformuliert werden.

3. Nach einigen Unterpunkten sind Literaturhinweise angegeben, die zu dem entsprechenden Schwerpunkt vertiefende Informationen liefern.

Vorwort / Einleitung

Wenn eine Konzeption das Ziel hat, Leserinnen und Leser für einen eher umfangreichen Text zu motivieren, dann kommt dem Vorwort bzw. der Einleitung eine besonders große Bedeutung zu. Es verhält sich dabei wie mit einem Buch, das Leserinnen und Leser in die Hand nehmen und betrachten. Zunächst wird in den meisten Fällen der Rückentext einer Publikation zur Kenntnis genommen, dann das Vorwort bzw. die Einleitung gelesen und anschließend punktuell und eher zufällig im Text geblättert.

Beim Vorwort/der Einleitung ist es weiterhin ähnlich wie in einem Gespräch. Aus der Forschung der Kommunikationspsychologie ist es seit langem bekannt, daß der Verlauf einer Unterhaltung entscheidend davon abhängt, wie die ersten Sätze formuliert wurden und was dem Hörer/der Hörerin bzw. den mitsprechenden Personen mitgeteilt wird.

Farblose, inhaltsleere, moralisierende oder mißverständliche Einleitungen lassen das Interesse an einer Auseinandersetzung mit bestimmten Texten deutlich sinken, so daß die Absicht der VerfasserInnen eines Textes sich mit den Inhalten auseinanderzusetzen, zunichte gemacht wurde.

Vorworte bzw. Einleitungen für eine Konzeption sollten daher folgende Merkmale in sich tragen:

- lebendiger Ausdruck;
- inhaltsorientierte Kurzeinführungen;
- annehmbare Formulierungen;
- verständliche Aussagen;
- motivierende Funktion.

Ein lebendiger Ausdruck lebt von einer bildhaften und abwechslungsreichen Sprache, die LeserInnen vielleicht schmunzeln läßt, vielleicht auch zum zustimmenden Kopfnicken provoziert. So ist es sicherlich ein Unterschied, im Vorwort/in der Einleitung einer Konzeption den Satz zu lesen, daß „in dieser Konzeption die wesentlichen Aussagen zur Arbeit der Kindertagesstätte formuliert wurden" oder ob beispielsweise folgendes zu lesen ist: „Liebe LeserInnen, liebe Leser, kein Tag vergeht im Leben der Erwachsenen, ohne daß irgendwelche Medieneindrücke auf uns einströmen. Tägliche Meldungen im Fernsehen weisen auf Kriege und andere Unfaßbarkeiten hin, und auch die Tageszeitungen füttern die Erwachsenen mit großen Mengen eines vielfältigen Lesestoffes. Und jetzt kommt auch noch die Kindertagesstätte auf Sie zu und verlangt von Ihnen, ein sogenanntes ‚Konzeptionsheft‘ durchzulesen.

Zwei Unterschiede zu ihrer bisherigen Medienerfahrung kann es allerdings geben:

Erstens enthält diese Konzeption keine ‚schlechten Nachrichten‘, wohl aber interessante Neuigkeiten.

Zweitens können Sie diese Konzeption zu einem Zeitpunkt lesen, den Sie selber bestimmen, denn unsere Inhalte sind jeden Tag von gleicher Aktualität. Da wir als MitarbeiterInnen davon ausgehen, daß Sie ein neugieriger Mensch sind, versprechen wir Ihnen, viele Ihrer Fragen zu beantworten ….‟

Mit dem Merkmal „inhaltsorientierter Kurzeinführungen" ist der Umstand gemeint, daß gerade ein Vorwort/eine Einleitung nicht zu umfangreich sein sollte. Hier gilt es, das Wesentliche auf den Punkt zu bringen. Ein Beispiel zur Erläuterung des Begriffes „Konzeption" könnte z. B. wie folgt lauten:

„Wie Sie schon auf der Vorderseite dieses Heftes gesehen haben, steht dort der Begriff ‚Konzeption‘. Es kann sein, daß Sie sich fragen, was sich hinter diesem Wort verbirgt. Das ist ganz einfach: Eine ‚Konzeption‘ ist eine genaue Zusammenfassung der Arbeitsschwerpunkte und aller wichtigen Informationen, die unsere Arbeit exakt beschreiben."

Annehmbare Formulierungen sind besonders dazu geeignet, daß sich LeserInnen persönlich angesprochen fühlen und spüren, daß Sie ernst genommen werden.

Es ist ein Unterschied, ob LeserInnen auf die Formulierung stoßen, daß etwa „diese Konzeption für alle einen verbindlichen Wert haben", oder „diese Konzeption dazu beitragen soll, daß MitarbeiterInnen und Eltern in gleichem Maße die Verantwortung dafür tragen, daß die Aussagen im Interesse einer entwicklungsunterstützenden Erziehung aller Kinder einen verbindlichen Wert besitzen".

Verständliche Formulierungen verzichten weitestgehend auf Fremdwörter, doch wo sie angebracht erscheinen, müssen diese den Eltern auch erklärt werden. Das kann z. B. dadurch geschehen, daß hinter den Fremdwörtern eine in Klammern gesetzte Übersetzung zu lesen ist, oder daß mit einem neuen Satz der entsprechende Begriff erläutert wird. In der Praxis kommt immer wieder die Frage auf, ob es nicht günstig ist, alle (!) Fremdwörter zu streichen. Das kann aus fachlicher Sicht in dieser Grundsätzlichkeit nicht unterstützt werden. Innerhalb der Elementarpädagogik kann es durchaus notwendig sein, gebräuchliche Fremdwörter oder Ausdrücke zu verwenden. Eine Begründung ist darin zu finden, daß auch die Kindertagesstättenpädagogik ihr eigenes Profil als wissenschaftliche Fachdisziplin nicht aufgeben darf, um sich „zu vereinfachen". Dennoch bleibt die Forderung davon unberührt, Fachlichkeit und ein allgemeines Verständnis miteinander zu verbinden.

Wenn das Vorwort/die Einleitung eine „motivierende Funktion" besitzen soll, gilt es, Auflockerungen im Text zu nutzen. Das geschieht meist durch

- treffende Zitate,
- Zeichnungen oder Bilder,
- Kinderaussagen oder
- selbstformulierte Reime.

In der Praxis hat es sich gezeigt, daß besonders Zitate von PädagogInnen oder PsychologInnen einen besonderen Reiz besitzen. Dabei ist schon die andere Form der Präsentation eine Hauptmotivation, sich dem besonderen Text zuzuwenden.

Ein Vorwort/eine Einleitung ist damit

- einladend und
- ansprechend,
- interessant und
- auffordernd.

Der Umfang beträgt in der Regel nicht mehr als eine halbe oder eine dreiviertel Seite und provoziert die Spannung, mehr zu erfahren und sich damit der inhaltlichen Ausführung einer Konzeption zuzuwenden.

Damit sich die LeserInnen auf den folgenden Teil noch besser einlassen können, bietet es sich an, ein Inhaltsverzeichnis mit den thematischen Überschriften folgen zu lassen. Selbstverständlich sollte dafür eine ganze Druckseite zur Verfügung stehen, zumal enggesetzte Inhaltsverzeichnisse dem Anspruch einer Übersichtlichkeit widersprechen würden.

Literaturhinweise zu „Vorwort / Einleitung":

Allert-Wybrianietz, K.: Du sprichst von Nähe. Verschenktexte. Heyne Verlag, München, 11. Aufl. 1992

Allert-Wybrianietz, K.: Dem Leben auf der Spur. Verschenktexte. Heyne Verlag, München, 7. Aufl. 1993

Allert-Wybrianietz, K.: Der ganze Himmel steht uns zur Verfügung. Verschenktexte. Heyne Verlag, München, 3. Aufl. 1992

Dreiske, H.H.: Ohne Netz. Gedichte zur Kindheit. Lambertus Verlag, Freiburg 1987

Krenz, A.: Mit Kindern jeden Tag erleben. Ein pädagogisches Gedankenbuch. Verlag Peter Höll, Darmstadt, 3. veränd. Aufl. 1996

Auftrag der Kindertagesstätte

Kindertagesstätten haben auf der einen Seite eine lange Tradition in der Bereitschaft, sich nach aktuellen bildungspolitischen Strömungen auszurichten (siehe „Vorschularbeit"), auf der anderen Seite eine überhöhte Bereitschaft, sich nach den unterschiedlichen Erwartungen und geäußerten Anforderungen aus der Öffentlichkeit auszurichten (siehe die bestehende Diffusität der Erwartungsvielfalt). Dadurch haben es besonders engagierte und fachkompetente ErzieherInnen eher schwer, der Einrichtung ein eigenes Profil zu geben und den Auftrag der Kindertagesstätten nach außen zu tragen. Grundlage für die Gestaltung des Erziehungs-, Bildungs- und Betreuungsauftrages in Tageseinrichtungen für Kinder ist das Sozialgesetzbuch und hierbei insbesondere das „Achte Buch mit dem Schwerpunkt der Kinder- und Jugendhilfe (KJHG)". Dabei finden sich in den Ausführungen keine genauen Schwerpunktnennungen der praktischen Arbeit (etwa vergleichbar mit den Rahmenlehrplänen der unterschiedlichen Schulen), sondern vielmehr die Eckwertbeschreibungen für verbindliche Arbeitsstrukturen. Im § 22 heißt es, daß die „Entwicklung des Kindes zu einer eigenverantwortlichen und gemeinschaftsfähigen Persönlichkeit gefördert werden" und sich das „Angebot pädagogisch und organisatorisch an den Bedürfnissen der Kinder und ihrer Familien orientieren soll".

Dieses Kinder- und Jugendhilfegesetz wurde dann zur Grundlage der unterschiedlichen Kindertagesstättengesetze genommen, in denen weitere Differenzierungen vorgenommen wurden/werden. Aufgrund der kulturellen Länderhoheit in Deutschland haben die einzelnen Bundesländer in den Kindertagesstättengesetzen bzw. Verordnungen und Richtlinien ihre besonderen Aufgaben spezifiziert. So unterschiedlich sie auch teilweise sind, so verbindlich ist dennoch in allen Fällen das KJHG.

Unbestritten liegt der grundsätzliche Auftrag der Kindertagesstätten in der Aufgabe, Kindern dabei zu helfen, ihre persönliche Identität auf- und auszubauen, ihr Selbstwertgefühl zu erweitern, eigene sowie fremde Bedürfnisse miteinander abzuwägen und sich auf eine soziale Gemeinschaft einzulassen. Dazu erscheinen einige Anmerkungen unumgänglich:

1. Durch die Veränderung heutiger Kindheiten kann sich die Kindertagesstätte nicht mehr auf eine Pädagogik vergangener Jahre berufen, sondern sie muß vielmehr der Aktualität der Gegenwart Rechnung tragen.

2. Es wird immer deutlicher – dies wird auch durch entsprechende Forschungsarbeiten unterstützt –, daß die vielfältigen und unterschiedlichen Irritationen heutiger Kindheiten sich nur dadurch beheben lassen, wenn Kindertagesstätten sich weitaus mehr auf die Bedürfnisse von Kindern (wichtig: nicht auf ihre Wünsche!) konzentrieren, damit diese Sicherheiten und Verläßlichkeiten erleben können. Beides ist die Grundlage für eine notwendige Entwicklung von Kindern.

3. In dem Maße, in dem das Leben von Kindern durch Außenreize und Überangebote geprägt wird, in diesem Maße muß es gelingen, Kindern zu einer erlebbaren Kindheit zu verhelfen. Das wird sicherlich nur dadurch geschehen können, daß sich ErzieherInnen als fachkompetente BündnispartnerInnen von Kindern verstehen.

4. Die Eigenständigkeit der Elementarpädagogik wird sich nur dort durchsetzen, wo es durch Fachkompetenz gelingt, unberechtigte Erwartungen (z. B. durch viele Grundschulen und Eltern) durch Fachdiskussionen und klare Aussagen zurückzuweisen und dies mit Hilfe eines eigenen Profils zu unterstreichen.

5. Sowohl in der Vergangenheit als auch in der Gegenwart haben es elementarpädagogische Einrichtungen nicht immer verstanden, pädagogische Ziele, Aufgaben und Schwerpunkte deutlich auf den Punkt zu bringen. Doch ist es immer so, daß gutgemeinte oder richtige Informationen ab dem Zeitpunkt mißverstanden werden (können), ab dem es bei den Inhalten an Deutlichkeit und Prägnanz fehlt. Konsequenterweise muß es die Elementarpädagogik schaffen, mit folgerichtigen Aussagen für eine Transparenz ihres Auftrages zu sorgen.

6. Projektorientierte Entwicklungsbegleitung (im Selbstverständnis des Situationsorientierten Ansatzes) von Kindern kann heute nur heißen, Kindern dabei zu helfen, sich aus eigenen Verwicklungen und Verstrickungen zu befreien, indem ihnen geholfen wird, sich mit zurückliegenden Eindrücken noch einmal auseinanderzusetzen.

Eine Orientierung zur Zukunft ist nur möglich, wenn Vergangenheiten nicht mehr belasten oder die Seele eines Menschen in irgendeiner Form bedrücken.

7. Gerade die Zunahme eines deutlichen Kulturverfalls (gedacht ist hier z. B. an die Kultur des Helfens, des Abwägens von unterschiedlichen Bedürfnissen, der Pflege von langen Freundschaften, der Mithilfe bei anderen, des Zuhörens etc.) erfordert es, daß es in einem verstärkten Maße um das Leben und Beachten kultureller Werte (!) gehen muß. Damit ist allerdings nicht das „Anerziehen" irgendwelcher Erwachsenennormen gemeint, sondern die Orientierung auf basale (= grundlegende) kulturelle Werte im Umgang miteinander. Letzteres bedeutet aber auch, kulturelle Ausdrucksformen von Kindern zu beachten und wertzuschätzen.

8. Kinderleben brauchen einen eigenen Entwicklungszeitraum „Kindheit" und genügend Zeit sowie Platz, sich in der immer unüberschaubaren Gegenwart zu orientieren. Gerade Kindertagesstätten müssen es schaffen, Kindern diesen Erfahrungsraum zu bieten.

9. Wenn Kindertagesstätten einen „familienergänzenden" Auftrag übernehmen würden, hieße das, daß Elternaufgaben mitübernommen werden müßten. Darin liegt eine große Problematik, zumal es eher um eine „familienunterstützende" Funktion gehen wird. Der Begriff einer „Ergänzung" könnte so verstanden werden, daß Kindertagesstätten dafür verantwortlich sind, fehlende oder ausgegrenzte Lebensbereiche von Kindern in einem besonderen Maße zu berücksichtigen. Eltern der Kinder besäßen damit eine Legitimation, den Kindertagesstätten bestimmte Aufgaben zu überlassen, so daß es dann unweigerlich in der Folge zu einer „familienersetzenden" Funktion kommen kann. Konstruktiv bedeutet das, daß Kindertagesstätten in einer engen Zusammenarbeit mit Eltern gemeinsame Schritte einer professionellen Entwicklungsbegleitung der Kinder suchen und entwickeln müssen, um Kindern bei ihrem Identitätsauf-/ausbau zu helfen. Dabei nutzen ErzieherInnen durch das Wissen aus Fort-, Weiter- und Ausbildung die Chance, entwicklungspädagogische und -psychologische Erkenntnisse zu beachten und zur Grundlage ihrer Entscheidungen zu erklären.

10. Der Auftrag der Kindertagesstätten kann nicht mehr aus tradierten Zielen und Methoden abgeleitet werden, weil die Basiswerte im Vergleich zur Vergangenheit einer völligen Veränderung unterlegen sind. MitarbeiterInnen aus Kindertagesstätten müssen daher auf die Aktualität relevanter Forschungsergebnisse und Erhebungen achten, um „real-kindorientiert" arbeiten zu können.

11. Das Modell einer „Einwirkungspädagogik" hat ausgedient, zumal bei diesem Anspruch das Kind als ein „defizitäres, unfertiges, zu lernen habendes und wildes Wesen" gesehen wurde/wird. Der Auftrag der Kindertagesstätten, Kindern bei dem Auf-/Ausbau ihrer Selbständigkeit und Autonomie zu helfen, ist nur dann einzulösen, wenn Eltern und ErzieherInnen ihr „Bild vom Kind" ändern und ihnen so wichtige Merkmale zugestehen wie Neugierde, Erfahrung machen, Handlungslernen, Stolz erleben, Eigenwilligkeit und Kreativität.

12. Der Auftrag der Kindertagesstätten kann nicht mehr in einer – wie auch immer gestalteten – Angebotspädagogik liegen, bei der sich Kinder daran gewöhnen (werden/müssen), daß andere für sie denken und für sie planen. Angebote schaffen das Problem, die Rolle eines reagierenden Menschen zu übernehmen und das gegenwärtige und zukünftige Leben darauf auszurichten, daß andere für das eigene Wohlbefinden verantwortlich sind. Das hat bzw. hätte in der Persönlichkeitsentwicklung jüngerer und älterer Menschen dramatische Folgen, da z. B. Angebote und Konsumorientierung sehr nahe beieinanderliegen. Selbständigkeit hingegen fordert Menschen dazu auf, für sich selber zu sorgen, Bedürfnisse abzuwägen und ggf. zurückzustellen, aufzugreifen und ggf. umzusetzen.

13. Partizipationspädagogik (= aktive Teilhabe durch Mitsprache und Mitentscheidung) konfrontiert Kinder mit ihren eigenen Bedürfnissen, mit gemeinsam aufgestellten Regeln und gemeinsam geplanten Unternehmungen, so daß Kinder als Beteiligte sich in einen direkten Bezug zu den Verläufen ihrer Vorhaben sehen und bereitwilliger Verantwortung übernehmen.

14. Kinder lernen immer durch ihr Handeln (nicht aus dem Hören oder Sehen); insoweit ist es notwendig, daß der Auftrag für Kindertagesstätten in der Bereitstellung eines Handlungsraumes liegt, in dem keine künstlichen „Übungswelten" arrangiert, sondern reale Handlungsbezüge möglich sind. Didaktische Einheiten, die von Erwachsenen geplant und für Kinder zurechtgestellt werden, verlieren durch ihre Bezugslosigkeit zu den wirklichen Fragen des Lebens der Kinder ihre vielleicht einmal bedeutsamen Berechtigungen.

15. Der heutige Auftrag der Kindertagesstätten kann nur umgesetzt werden, wenn keine Realitäten heutigen Kinderlebens ausgeschlossen werden. Integration der Lebenswelten schafft eine Identität, Segregation (= Ausgrenzung) schafft erneute Irritationen bei Kindern. Genau diese zu verringern ist der heutige, bedeutsame Auftrag.

Brainstorming zum Schwerpunkt „Auftrag der Kindertagesstätte":

- eigenständiger Auftrag der Kindertagesstätte
  (in Abgrenzung zur Grundschule und anderen Einrichtungen)

- Erziehungsauftrag
  (Verarbeitungshilfe für zurückliegende Erfahrungen, Eindrücke und Erlebnisse der Kinder.)

- Bildungsauftrag
  (Unterstützung der Lern-, Leistungs-, Bildungs- und Handlungsbereitschaft der Kinder)

- Betreuungsauftrag
  (Aufbau einer zuverlässigen Beziehung zu Kindern)

- Abgrenzung – Gemeinsamkeiten zwischen den Begriffen „Erziehung" und „Entwicklungsbegleitung"

- Unterstützung kultureller Werteerfahrung
  (Nicht über Werte sprechen, sondern gemeinsam erleben)

- Auf-/Ausbau einer kindorientierten Spielkultur
  (Spielen als Grundlage des entdeckenden Lernens)

- Auf-/Ausbau einer Pflege der Sprach-/Sprechkultur
  (Zuhören und Verstehen, Unterhalten und Begreifen)

- Auf-/Ausbau einer Eßkultur
  (Pflege eines wertschätzenden Speisens)

- Auf-/Ausbau einer Werkkultur
  (Verzicht auf Basteltätigkeiten, Hervorhebung des handwerklichen Arbeitens mit Kindern)

- Kindheiten heute und ihre Bedeutung für den Auftrag der Kindertagesstätten
  (Zerrissenheit erlebter Welten, eingegrenzter Lebensräume, zerteilter Zeiten)

- Eindrucksvielfalt der Kinderleben und ihre Bedeutung für den Auftrag der Kindertagesstätte (Erleben von Zeit, Ruhe, Akzeptanz)

- Hilfen zum Auf-/Ausbau der Identität der Kinder
  (Begriffsbestimmung und Beispiele)

- Hinwendung zur Pädagogik der Gegenwart
  (Verzicht auf eine Zukunftsorientierung zugunsten der Beachtung kindorientierter Gegenwarten)

- Ganzheitlichkeit der Entwicklungsbegleitung
  (Vernetzung der Entwicklungsbereiche in für Kinder sinnzusammenhängenden Tätigkeiten)

- Unterstützung der Stärken
  (Verzicht auf das Gegenarbeiten von kindeigenen Schwächen)

- Kindern wird ein eigener Entwicklungszeitraum zugestanden
  (Kinder sind keine „unfertigen, kleinen Erwachsenen")

- Problematik vorgezogenen schulischen Arbeitens
  (Verzicht auf gelenkte/bewußt initiierte vorgezogene schulische Übungen)

- Unterstützung der Eigenverantwortung der Kinder
  (Der Kindergarten als ein vielfältiger Erfahrungsraum)

- Unterstützung der langsamen Entwicklung zu einer Kindergemeinschaft
  (Individualentwicklung als Voraussetzung zum Auf-/Ausbau einer Sozialentwicklung)

- Familienunterstützende Funktion der Kindertagesstätte
  (Notwendigkeit der Zusammenarbeit mit den Eltern)

- Abgrenzung zum Begriff einer „familienergänzenden/familienersetzenden Funktion der Kindertagesstätte"
  (Klärung des Begriffs „Verantwortung" und Abgrenzungen zu unberechtigten Erwartungen)

- Auf-/Ausbau und Unterstützung der Selbständigkeit der Kinder
  (Leben und Lernen mit Kindern in vielfältigen Erfahrungsräumen des alltäglichen Lebens)

- Unterstützung einer kulturübergreifenden Vielfalt in der Kindertagesstätte
  (Wertschätzung/Achtung anderer Kulturen und ihrer Besonderheiten)

- Aufnahme von Kindern mit Behinderungen und Beeinträchtigungen im körperlichen, seelischen und geistigen Bereich
  (Der Kindergarten als ein Spiel- und Erfahrungsort für alle Kinder eines umliegenden Wohnumfeldes)

- Ausrichtung der Inhalte auf reale Lebenssituationen
  (Verzicht auf künstliche Programme)

- Lernen in altersgemischten Gruppen
  (Verzicht auf altersgleiche Gruppen)

● Religiosität als tragender Pfeiler einer humanistischen Pädagogik (Religion und Wertekultur als ein integrierter Bestandteil der Kindertagesstättenarbeit)

● Akzeptanz und Unterstützung einer Gleichberechtigung von Mädchen und Jungen (Verzicht auf geschlechtsspezifische Differenzierungen)

Literaturhinweise „Auftrag der Kindertagesstätte":

Ebert, S. (Hrsg.): Zukunft für Kinder. Grundlagen einer übergreifenden Politik. Profil-Verlag, München/Wien 1991
(Schwerpunkte: Ein Rück- und Ausblick auf das „Jahrhundert des Kindes";
Wandel der Kindheit in der Industriegesellschaft;
Familienerziehung und institutionelle Kindererziehung;
Einrichtungen für Kinder als Teil der sozialen Infrastruktur;
Kindheit in einer multikulturellen Gesellschaft;
Konsequenzen für Kindertageseinrichtungen.)

Erning, G.: Bilder aus dem Kindergarten. Bilddokumente zur geschichtlichen Entwicklung der öffentlichen Kleinkindererziehung in Deutschland. Lambertus Verlag, Freiburg 1987
(Schwerpunkte: Bewahranstalt, Kleinkinderschule und Kindergarten in der ersten Hälfte des 19. Jahrhunderts;
Einrichtungen der öffentlichen Kleinkindererziehung im 19. Jahrhundert als Sujet in der Kunst;
Kleinkinderschulen und Kindergärten im Wilhelminischen Kaiserreich;
Kindergärten in der Zeit der Weimarer Republik;
Kindergärten in der Zeit der Nationalsozialistischen Diktatur;
Kindergärten in der Nachkriegszeit;
Kindergartenarbeit seit der Zeit der Bildungsreform.)

Erning, G./Neumann, K./Reyer, J. (Hrsg.): Geschichte des Kindergartens. Band I: Entstehung und Entwicklung der Öffentlichen Kleinkindererziehung in Deutschland von den Anfängen bis zur Gegenwart. Lambertus-Verlag, Freiburg 1987
(Schwerpunkte: Geschichte der öffentlichen Kleinkindererziehung von den Anfängen bis zum Kaiserreich;
Geschichte der öffentlichen Kleinkindererziehung im Deutschen Kaiserreich, in der Weimarer Republik und in der Zeit des Nationalsozialismus;
Geschichte der öffentlichen Kleinkindererziehung von 1895 bis in die Gegenwart.)

Erning, G./Neumann, K./Reyer, J.: Geschichte des Kindergartens. Band II: Institutionelle Aspekte, systematische Perspektiven, Entwicklungsverläufe. Lambertus-Verlag, Freiburg 1987
(Schwerpunkte: Geschichte und Entwicklung institutioneller Einzelaspekte der Öffentlichen Kleinkindererziehung in Deutschland;
Entwicklung der Ausbildung, Träger und Personalstruktur im Kindergarten;

Pädagogische Aufgaben und Ziele in der Geschichte der öffentlichen Kleinkindererziehung;
Erziehungskonzepte der Klassiker der Frühpädagogik;
Wissenschaftliche Kinderforschung;
Kindheit zwischen privat-familialer Lebenswelt und öffentlich veranstalteter Kleinkindererziehung.)
Junge, H. und Lendermann, H.B.: Das Kinder- und Jugendhilfegesetz (KJHG). Einführende Erläuterungen. Lambertus-Verlag, Freiburg 1990
Moysich, J.: Alternative Kindertageserziehung. Möglichkeiten und Grenzen. Verlag Brandes & Apsel, Frankfurt 1990
(Schwerpunkte: Alternative Kindertageserziehung in der Bundesrepublik Deutschland;
Rahmenbedingungen: Zur Entwicklung der Jugendhilfe und Kindertageserziehung;
Staatliche Jugendhilfeplanung und ein alternatives Projekt;
Kindertageserziehung und Recht.)
Seehausen, H.: Familien zwischen modernisierter Berufswelt und Kindergarten. Psycho-soziale Probleme des technisch-sozialen Wandels und Perspektiven frühkindlicher Erziehung. Lambertus-Verlag, Freiburg 1989
(Schwerpunkte: Ausgangslage in der Frühpädagogik;
Seelisches Elend in Eltern-Kind-Beziehungen;
Wirkungen der Diskontinuität und der Rollenspaltung auf das Kind;
Zur aufgespaltenen und zersplitterten Existenz des Kindergartenkindes. Problemfelder der Kinderpsychologie;
Pädagogische Antworten des Kindergartens;
Sozialpädagogische und sozialpolitische Handlungsperspektiven.)
Storm, M.: KITA – Zur Zukunft der Kindertagesstättenpädagogik. Verlag Brandes & Apsel, Frankfurt 1994
(Schwerpunkte: Die Alternativ-Kita und ihre äußeren Strukturen/Personen;
Beobachtungen zu den Kindern;
Eltern und die Kita-LehrerInnen;
Zur Problematik der Sündenbockdynamik;
Über die Gesellschaft und das Kind;
Über Persönlichkeit und Ausbildung von ErzieherInnen.)

Pädagogischer Ansatz

Das entwicklungsbegleitende Handeln der ErzieherInnen vollzieht sich nicht in einem „luftleeren Raum" oder geschieht zufällig, sondern ist das Ergebnis eines Zusammenspiels aus sehr unterschiedlicher Einflüsse und Faktoren. Zunächst hat die pädagogische Arbeitsgestaltung immer etwas mit der eigenen Lebensbiographie zu tun, mit Erfahrungen, Erlebnissen und Ereignissen in der eigenen Kindheit, Prägungen durch das Elternhaus und Einflüsse durch das soziokulturelle Umfeld, den Freundeskreis, Geschwister, Schulerfahrungen, Ausbildungseindrücke und biographische Aktualitäten der Gegenwart. Dabei prägen sich Motive zur Berufswahl, eigene Werthaltungen und Normen, Einstellungen und Haltungen heraus, die mit Erfahrungen und Absichten, Zielen und Umsetzungsmöglichkeiten verbünden sind. Nun kann daraus die Schlußfolgerung gezogen werden, daß „jeder Topf einen Deckel findet"; soll heißen, daß jedes Zusammenspiel seinen Niederschlag in einem bestimmten pädagogischen Ansatz findet.

MitarbeiterInnen in Kindertagesstätten (dasselbe gilt ebenso für Ärzte/Ärztinnen oder Therapeuten/Therapeutinnen ...) entdecken sich dabei in „ihrem Ansatz", weil er ihnen in ihrer Lebensgestaltung und -haltung entgegenkommt. „Selbstfindung oder Selbsterkenntnis durch den praktizierten Ansatz" könnte demnach eine Aufgabe sein, der sich MitarbeiterInnen zuwenden könnten. Ein Beispiel mag diese Verbindung verdeutlichen: So ist es nachvollziehbar, daß Menschen mit einer grundsätzlichen Freude am Essen und einem ständigen Appetit eher weniger wählerisch in der Speisenauswahl sind als Menschen, die sich für ein bewußtes Essen entscheiden und eine sorgsame Wahl bzw. Zusammenstellung ihrer Speisen vornehmen. Die Art/Menge des Essens gibt also durchaus einen Einblick in die Lebensweise der betreffenden Menschen, in der Genuß oder eine reine Befriedigung des Hungers, Zeit oder Hektik, Pflege einer Eßkultur oder die Mißachtung kultureller Eßsitten eine Rolle spielt.

Jeder pädagogische Arbeitsansatz offenbart vielerlei Merkmale. So z. B.

- die Sichtweise von Kindern,
- die Vorstellung von „Erziehung",
- Ziele der betreffenden Pädagogik,
- Schwerpunkte der Arbeit,
- Verständnis des „Lernbegriffes",
- das Rollenverständnis der „Erzieherin",
- das Werteverständnis im Hinblick auf kulturelle Begriffe,
- die Betonung von „Methoden" im Gegensatz zur Bedeutung der „Person".

Derzeit sind in der Elementarpädagogik viele pädagogische Ansätze im Gespräch. Sei es, daß sie durch ihre langjährige Tradition und ihre bekannten „Schöpfer", nicht an Aktualität verloren haben, sei es, daß sie durch bildungspolitische Strömungen oder langjährige Entwicklungen in das Bewußtsein der Elementarpädagogik gerückt sind. So existieren heute viele Ansätze in einem (mehr oder weniger konkurrierenden) Nebeneinander: z. B.

- die „Non-direktive Pädagogik",
- der „psychoanalytische Ansatz",
- der „funktionsorientierte Ansatz",

- die „Pädagogik des Janusz Korczak",
- die „Montessori-Pädagogik",
- die „Pestalozzi-Pädagogik",
- die „Reggio-Pädagogik",
- die „Anthroposophie" („Waldorfpädagogik"),
- der „Offene Ansatz"
- der „lebensbezogene Ansatz",
- die „Pädagogik des Friedrich Fröbel",
- der „Situationsansatz",
- der „situative Ansatz",
- der „Situationsorientierte Ansatz",
- der „wissenschaftstheoretische Ansatz",
- der „lerntheoretische Ansatz".

Dazu gesellen sich – bekanntermaßen – eine Reihe neuer Versuche, sich in die Folge der „Ansätze" einzureihen, wie es z. B.
- die „Friedenspädagogik" oder
- der „ökologische Ansatz"
zeigen.
Jeder der zuerst genannten „pädagogischen Ansätze" hat ein (mehr oder weniger) deutliches Profil, das sich aus den genauen Inhalten unterschiedlicher Veröffentlichungen ergibt, und jeder Ansatz besitzt entsprechende Merkmale, um faßbar zu sein. Die Grundlage einer Konzeptionserstellung und einer Entscheidung für oder gegen einen bestimmten Ansatz kann nur aus einer deutlichen Kenntnis der Ansätze heraus erfolgen. Leider zeigt die Praxis, daß in vielen Kindertagesstätten zwar ein bestimmter Ansatz zur Arbeitsgrundlage erklärt wird, doch lassen Beobachtungen in den Einrichtungen den Rückschluß zu, daß geäußerte Absichten, einen spezifischen Ansatz umzusetzen, oft nicht mit der Realität übereinstimmen. Gründe dafür sind auf unterschiedlicher Ebene zu finden:

1. Einige Ansätze haben es nicht vermocht, sich im Bewußtsein einiger ErzieherInnen „festzusetzen".
2. Einige Ansätze haben es nicht geschafft, sich ein wirklich eigenständiges Profil zu geben.
3. Andere Ansätze wiederum beinhalten sehr unklare Aussagen und sind mit Widersprüchen ausgestattet, so daß LeserInnen/HörerInnen irritiert sein müssen.
4. Einige Ansätze sind sehr schwer zu verstehen und schrecken so manche ErzieherInnen eher ab, als sie dazu zu motivieren, tiefer in die Auseinandersetzung einzusteigen.

5. Andere Ansätze sind sehr einfach für die Praxis zu nutzen und scheinen (!) ihren Reiz darin zu besitzen, schnell und ohne große Veränderungen umgesetzt werden können.

Doch neben diesen (und sicherlich noch anderen Schwierigkeiten) gibt es auch Gründe, die in den Kindertagesstätten zu finden sind:

1. Viele MitarbeiterInnen lehnen es ab, sich mit Zeit fachlicher Intensität und einer entsprechenden Sorgfalt in pädagogische Ansätze zu vertiefen.

2. Einige MitarbeiterInnen zeigen nur ein geringes oder gar ein fehlendes Interesse, sich mit Fachliteratur auseinanderzusetzen. Sie begründen es mit „fehlender Zeit" oder „anderen Schwerpunktsetzungen" in ihrem Leben.

3. Andere MitarbeiterInnen wiederum nutzen nur einzelne Passagen oder Stichworte aus einem Ansatz und reißen damit bestimmte Aussagen aus ihren bedeutsamen Vernetzungen heraus.

4. Wiederum andere MitarbeiterInnen nutzen einen bestimmten Ansatz nur wegen seiner „Aktualität" und aus einer Sorge heraus, sonst „nicht modern" zu sein.

5. Und einige MitarbeiterInnen lehnen bestimmte Ansätze vornherein ab, weil sie mit den „Begründern/GründerInnen" nicht zurechtkommen bzw. durch eigene Vermutungen sehr schnell dazu neigen, bestimmten Ansätzen eine „Theorielastigkeit" anzuhängen, ohne sich wirklich ernsthaft mit den Inhalten und Umsetzungsmöglichkeiten diskursiv auseinandergesetzt zu haben.

Pädagogische Ansätze haben sowohl etwas Reizvolles (Faßbarkeit der Pädagogik) als auch etwas Einengendes (Begrenzung eigener Interessen und Schwerpunkte), so daß es auch MitarbeiterInnengruppen gibt, die sich daher keinem Ansatz zuordnen möchten. Sei es aus einer Unkenntnis heraus, sei es aus einem subjektiven Erleben. Sie verfahren nach der Devise: „Ein bißchen davon und ein bißchen hiervon. Fertig ist der eigene Ansatz." Grundsätzlich ist gegen ein solches Vorgehen sicherlich nichts einzuwenden, wenn diese Entscheidung nach intensiver Ansatzdiskussion auf der Grundlage einer faktenorientierten Auseinandersetzung geschieht. Doch darf dabei nicht der Umstand übersehen werden, daß es häufig als Alibi genutzt wird, sich nicht festlegen zu wollen/zu müssen.

Jede Konzeption trägt die Zielsetzung in sich – als Fortführung der Absicht der MitarbeiterInnen –, die eigene Pädagogik transparent zu machen. Dabei kommt es auf die Stimmigkeit der Aussagen an, die durch eine Vernetzung der Gedanken in eine Deckungs(un)gleichheit gebracht werden können. (Beispiel: Wenn es etwa heißt, daß Kinder als Ausgangspunkt der Arbeit gesehen werden, bedeutet dies eine deutliche Mitbestimmung der Kinder. So wäre z. B. eine Konsequenz, daß auch Kinder bei der Neueinstellung von MitarbeiterInnen oder dem Einsatz von PraktikantInnen gefragt werden würden, ob sie damit einverstanden sind, daß diese Neu-/Anstellung in Ordnung ist. Mitsprache: Grundsätzlich natürlich, aber .... und schon werden getroffene Aussagen deutlich relativiert.)

Daher ist es eine deutliche Aufgabe der MitarbeiterInnen, daß sich alle an der Diskussion und Entscheidung für/gegen bestimmte Ansätze beteiligen, Grundlagenliteratur dazu (unter den MitarbeiterInnen verteilt) lesen und Aussagen aus den Ansätzen miteinander vergleichen. Das hat nicht nur den Vorteil, sich im Nachhinein fachkompetent auszukennen, sondern auch Eltern deutlich zu informieren bzw. mit den KollegInnen aus anderen Einrichtungen inhaltlich klar zu diskutieren.

Brainstorming zum Schwerpunkt „Pädagogischer Ansatz":

● Kennenlernen unterschiedlicher Ansätze der Elementarpädagogik
  (Besitz von Kenntnissen entsprechender Ansätze)

● Lesen entsprechender Fachbücher und Herausarbeitung der jeweils spezifischen Merkmale
  (Diskussion im Vergleich der unterschiedlichen Ansätze)

● Erarbeitung des Ansatzes der eigenen Schwerpunktbildung und Entscheidung für einen entsprechenden Ansatz
  (in Kenntnis und Abwägung notwendiger Konsequenzen für die eigene Arbeit)

● Zustimmung/Ablehnung einer „beschützenden Pädagogik"

● Zustimmung/Ablehnung einer „Heile-Welt-Pädagogik"

● Zustimmung/Ablehnung einer „kinderverwaltenden Pädagogik"

● Zustimmung/Ablehnung einer „deutlich ausgerichteten Traditionspädagogik vergangener Zeiten"

● Zustimmung/Ablehnung einer „Anpassungspädagogik der Kinder an eine erwachsenen-orientierte Welt"

● Zustimmung/Ablehnung einer „bewußten, leistungsorientierten Förderpädagogik"

- Zustimmung/Ablehnung einer Pädagogik, die sich parteilich für Kinder versteht
  (in Abgrenzung von externen Erwartungen)

- Entwicklungsbegleitung als Prozeß
  (Kinder und Erwachsene sind gleichsam Lernende)

- Erziehung als Produkt
  (Kinder haben durch bestimmte Lerninputs zu erwartende/im voraus definierte Ziele zu erreichen)

- Problematisierung der Ansätze im Hinblick auf ihre Bedeutung für eigene Ansprüche und Erwartungen
  (Herstellen eines Zusammenhanges zwischen den jeweiligen Ansätzen und den eigenen Lebensbiographien)

- Pädagogische Ansätze und ihr besonderes Werte-/Ethikverständnis bezüglich der Arbeit mit Kindern
  (Klärung des eigenen Werte- und Ethikverständnisses)

- Pädagogische Ansätze und ihre „Sichtweisen von Kindern"
  (Herstellen von Beziehungen zur eigenen Sichtweise bezüglich des „Bild des Kindes")

- Bedürfnisse der Kinder und ihre Berücksichtigung in den jeweiligen Ansätzen
  (Kinder als „Objekte" oder „Subjekte" im Entwicklungsprozeß)

- Bestandsaufnahme der Bedürfnisse der Kinder im Vergleich zu eigenen Bedürfnissen
  (Identifikation von Gemeinsamkeiten bzw. Unterschieden)

- Pädagogische Ansätze und ihre Dogmen
  (Identifikation von „festgesetzten Weisheiten" und ihre fachliche sowie persönliche Überprüfung)

- Dogmen im persönlichen Leben und ihre Überprüfung zur Aussagefähigkeit für Kinder
  (Klärung persönlicher „feststehender Weisheiten" im Hinblick auf das Recht einer Übertragung auf Kinder)

- Kinder als „Objekte" der Erwachsenenwelt
  (Damit werden Kinder in ihrer Schwachheit gesehen)

- Kinder als „Subjekte und Akteure ihrer eigenen Entwicklung"
  (Damit werden Kinder mit ihren besonderen Stärken und in ihrer Selbständigkeit wertgeschätzt)

- Pädagogischer Ansatz und Öffnung zum Umfeld
  (Verzicht auf einen in sich abgeschlossenen Kindergartenalltag)

- Pädagogischer Ansatz und sein direkter Bezug zur Erfahrungswelt
  (Erfahrungslernen durch Handlungsaktivitäten)

- Pädagogischer Ansatz und seine Verbindung zum Auf-/Ausbau der
  Fähigkeiten von Kindern
  (Verzicht auf eine „Schulung" irgendwelcher Fertigkeiten durch
  isolierte Förderprogramme)

- Pädagogischer Ansatz und seine spezifische Inhaltsgestaltung
  (Projekte statt Programmme, Lebensthemen der Kinder statt the-
  matischer Lernabhandlungen)

- Identifikation von Schwierigkeiten in der Umsetzung von bestimmten pädagogischen Ansätzen
  (Suche nach Lösungs-/Verständniswegen)

Literaturhinweise „Pädagogische Ansätze":

Becker-Textor, I.: Kindergarten 2010. Traum – Vision – Realität. (Reihe: Konzept-
buch Kindergarten). Verlag Herder, Freiburg 1994
(Schwerpunkte: Vom Sinn und Unsinn von Konzepten;
Ausgangssituationen, Lebenswirklichkeiten von Kindern und Eltern, Zukunfts-
perspektiven;
Die Öffnung des Kindergartens,
Der Kindergarten als ein Ort der Begegnung;
Kindergarten als Zentrum
Alte und neue ‚Konzepte'/Methodenvielfalt
Rahmenbedingungen,
Visionen, Träume, kleine Schritte.)
Büchsenschütz, J. und Regel, G.: Mut machen zur gemeinsamen Erziehung. Zeitge-
mäße Pädagogik im offenen Kindergarten. E.B.-Verlag, Rissen. Hamburg 1991
(Schwerpunkte: Konzeptionelle Aspekte gemeinsamer Erziehung in Cuxhave-
ner Kindergärten;
Ein Kindergarten für alle Kinder – Auf dem Weg zum offenen Kindergarten;
Theoretische Grundgedanken und Ansätze;
Praktische Beispiele zum offenen Ansatz;
Erfahrungen mit dem neuen, offenen Ansatz.)
Colberg-Schrader, H./Krug, M./Pelzer, S.: Soziales Lernen im Kindergarten.
Ein Praxisbuch des DJI
Kösel-Verlag, München 1991
(Schwerpunkte: Konzeption – Situationsansatz
Schritte in die Praxis
Erfahrungen.)

Göhlich, H.D.M.: Reggiopädagogik – Innovative Pädagogik heute. Zur Theorie und Praxis der kommunalen Kindertagesstätten von Reggio Emilia. R.G. Fischer Verlag, Frankfurt, 2. Aufl. 1988
(Schwerpunkte: Innovative Pädagogik heute;
Zur Theorie und Praxis der Reggio-Pädagogik;
Entstehungs- und Entwicklungsbedingungen der Reggio-Pädagogik;
Fragen zur Innovation der Reggio-Pädagogik.)

Hebenstreit, S.: Kindzentrierte Kindergartenarbeit. Grundlagen und Perspektiven in Konzeption und Planung. (Reihe Konzeptbuch Kindergarten). Verlag Herder, Freiburg 1994
(Schwerpunkte: Unbewußte Regeln und Rituale in der Kindergartenpraxis;
Ausgangspunkt: Ein Kind ist ein Kind;
Planung: Allgemeine Modelle und Beispiele;
Elemente kindzentrierter Kindergartenpädagogik.)

Holtstiege, H.: Montessori-Pädagogik und soziale Humanität. Perspektiven für das 21. Jahrhundert. Verlag Herder, Freiburg 1994
(Schwerpunkte: Faszination Reformpädagogik – Reformauslösende Faktoren in Geschichte und Gegenwart;
Montessori-Pädagogik: ein bewährtes Modell;
Montessori-Pädagogik und die Perspektiven für die 90er Jahre.)

Huppertz, N.: Erleben und Bilden im Kindergarten. Der lebensbezogene Ansatz als Modell für die Planung der Arbeit. (Reihe: Konzeptbuch Kindergarten). Verlag Herder, Freiburg 1992
(Schwerpunkte: Zur Lage des Kindergartens heute;
Probleme, Schwierigkeiten und neue Aufgaben des Kindergartens;
Der lebensbezogene Ansatz im Kindergarten;
Neue Ziele für die Arbeit im Kindergarten;
Didaktische Entscheidungshilfen;
Bedürfnisse der Kinder und deren Bedeutung;
Planung in der Kindergartenpädagogik.)

Krenz, A.: Der ‚Situationsorientierte Ansatz im Kindergarten'. Grundlagen und Praxis. (Reihe: Konzeptbuch Kindergarten Verlag Herder, Freiburg, 10. Aufl. 1996
(Schwerpunkte: Vergleiche unterschiedlich-arbeitender Kindergärten und ihre Bedeutung für Kinder; Lebenssituationen von Kindern;
Erläuterungen zu einer ‚ganzheitlichen Pädagogik';
Der eigenständige Erziehungs- und Bildungsauftrag des Kindergartens;
Unterschiedliche Ansätze in der EE-Pädagogik;
Kennzeichen und Schwerpunkte des „Situationsorientierten Ansatzes";
Arbeitskonzeption und Aufbau von Projekten;)

Kunz, L. (Hrsg.): Einführung in die Korczak-Pädagogik. Konzeption, Rezeption und vergleichende Analysen. Beltz Verlag, Weinheim und Basel 1994
(Schwerpunkte: Biographische Skizzen;
Das Bild des Erziehers bei Korczak;
Bemerkungen zu einigen Schriften Korczaks;
Selbstorganisationsweisen von Kindern.)

Langhanky, M.: Die Pädagogik von Janusz Korczak. Dreisprung einer forschenden, diskursiven und kontemplativen Pädagogik. Luchterhand Verlag, Neuwied 1993
(Schwerpunkte: Eine Utopie feiert Renaissance;
Martin Bubers Entwurf einer kontemplativen erzieherischen Begegnung;
Janusz Korczak – vom Wer, Was und Wohin Erziehung als Akt des Diskurses, der Handlungsforschung und der Kontemplation.)

Regel, G. und Wieland, A.J. (Hrsg.): Offener Kindergarten konkret. Veränderte Pädagogik in Kindergarten und Hort. E.B.-Verlag, Rissen/Hamburg 1993
(Schwerpunkte: Bestimmungsfaktoren der offenen Kindergartenarbeit;
Auf dem Wege sein – Beispiele –;
Pädagogische Praxis im offenen Kindergarten;
‚Rollenwechsel‘ in der pädagogischen Arbeit;
Vom offenen Kindergarten zu offener Elternmitarbeit.)

Schmutzler, H.-J.: Fröbel und Montessori. Zwei geniale Erzieher – Was sie unterscheidet, was sie verbindet. (Reihe: Praxishilfen Kindergarten, Hort, Schule). Verlag Herder, Freiburg 1991
(Schwerpunkte: Anthropologische Grundlagen Fröbels;
Bildungsbereiche, Didaktik, Methodik und Medien Friedrich Fröbels;
Anthropologische Grundlagen Montessoris;
Bildungsbereiche, Didaktik, Methodik und Medien Maria Montessoris;)

Stoll, S.: Der Situationsansatz im Kindergarten. Möglichkeiten seiner Verwirklichung. FIPP-Verlag, Berlin 1995
(Schwerpunkte: Das Kind als Ausgangs- und Mittelpunkt;
Gegenstand und Struktur des Situationsansatzes;
Der Situationsansatz in der Praxis;
Der Situationsansatz in der gegenwärtigen wissenschaftlichen Diskussion.)

Religionspädagogik

Neben einer dringend notwendig gewordenen Diskussion über die Bedeutung unterschiedlicher „Ansätze in der Elementarpädagogik", wie sie in den letzten Jahren zu beobachten war, wurde gleichfalls in der Vergangenheit verstärkt das Verständnis von „Religionspädagogik" diskutiert. Dabei schieden sich schon – zu Recht – die Gemüter an der unterschiedlichen Begrifflichkeit:

- religiöse Erziehung,
- Erziehung zum Glauben,
- Religionspädagogik
- Glaubensvermittlung
- missionarisch-diakonische Pädagogik,
- christliche Erziehung
- …

Gerade eine Diskussion dieser Begriffe (und ihrer damit eng verbundenen Haltung zu Kindern/zum Glauben) sollte bei einer Konzeptionserarbeitung nicht zu schnell in einem verurteilenden Sinn oder durch Vorurteile gespeist geführt werden, geht es doch bei Kindertageseinrichtungen unter kirchlicher Trägerschaft einerseits darum, den religionspädagogischen Auftrag mit Leben zu füllen und andererseits die Bedeutung der Aussagen auf das eigene Leben die persönliche Lebensgestaltung zu übertragen.

Nichts scheint so unfruchtbar zu sein, als zunächst Grundsatzfragen der Religionspädagogik „intellektuell" erfassen und diskutieren zu wollen, um bestimmte Grundaussagen auf die eigene Arbeit mit Kindern zu übertragen. Religionspädagogik – bzw. religiöse Fragen beginnen immer bei der Auseinandersetzung mit der eigenen Person, etwa in der Suche nach einer Antwort,

- wie die eigene christliche Erziehung im Elternhaus in der früheren Kirchengemeinde empfunden wurde;
- welche angenehmen bzw. unangenehmen Erfahrungen gemacht wurden und heute bewertet werden;
- welche Symbole des Christentums für die eigene Lebensgestaltung damals und heute von Bedeutung waren/sind;
- welchen Sinn das Christentum heute für das eigene Leben spielt und gelebt wird;
- welchen Stellenwert christliche Symbole heute in der eigenen Familie besitzen und praktiziert werden.

Die Frage der (Aus-)Gestaltung des religionspädagogischen Auftrages kirchlicher Einrichtungen beginnt mit einer Bestandsaufnahme und Reflexion des eigenen Lebens, damit die Möglichkeit besteht, Fragen zur Religionspädagogik zunächst mit sich selber zu klären.

Unbestritten muß und darf ein Kindergarten unter kirchlicher Trägerschaft das Recht haben, MitarbeiterInnen aufzufordern, sich mit den „spezifisch kirchlichen/diakonischen Merkmalen" auseinanderzusetzen. Dasselbe gilt für die Trägervertreter. Leider war/ist es in vielen Kindergärten unter kirchlicher Trägerschaft üblich gewesen (Hinweis: nicht in allen, aber in vielen!), daß das Thema „Religionspädagogik" ein „Leben am Rande" geführt hat/führt. So beschränkte sie sich eher auf ritualisierte Formen der „Glaubensgestaltung", etwa beim Beten vor dem Essen, der Gestaltung kirchlicher Feste (innerhalb des Kindergartens und in der Kirche), dem Singen religiöser Lieder, dem Erzählen biblischer Geschichten, dem Zusammensein mit dem Pastor/der Pastorin, der Teilnahme an Aktivitäten der Kirchengemeinde oder etwa beim Besuch des Kindergottesdienstes. Von den Mitarbeite-rInnen wurde häufig erwartet, sich auch im Gemeindeleben aktiv ein-zugeben und als Mitglied der Kirchengemeinde auch außerhalb des Kindergartenlebens ein „kirchliches Profil" zu zeigen.

Religionspädagogik kann je nach Sichtweise und Haltung der Mit-arbeiterInnen sehr unterschiedlich verstanden und diskutiert werden. Für die einen ist es eine „Einübung in christliche Traditionen", für die anderen ist es eine „lebendige Gestaltung religiöser Werte"; für eine dritte Gruppe wiederum ist es eine Kombination aus den beiden er-sten Aussagen. Für die einen ist es ein „Zusatzprogramm zur allge-meinen Elementarpädagogik", für die anderen offenbart sich eine le-bendige Religionspädagogik gerade in der Integration christlicher Einstellungen in die Gesamtpädagogik. Für die einen ist es eine „Er-ziehung zum Glauben", für die anderen ist es „eine Theologie des Kindes". Immer treffen dabei Gegensätze aufeinander, die sich nicht nur im Gebrauch unterschiedlicher Worte niederschlagen, sondern die vor allem in einer grundsätzlichen Einschätzung religionspädago-gischer Werte widerspiegeln. Genau diese Werte bedürfen in der Kon-zeptions(üb)erarbeitung und selbstverständlich auch darüber hinaus einer breiten und intensiven Diskussion, wobei TrägervertreterInnen/ Pastoren und die MitarbeiterInnen bemüht sein sollten, ehrlich und neugierig Antworten auf gegenseitige Fragen zu finden. Religionspäd-agogik hat unbestritten dort ihren tiefen Sinn, wo sie eine „Theologie des Kindes" ist und ganzheitlich ausgerichtet und gestaltet ist.

Erinnert sei an dieser Stelle an das Beispiel, wo Eltern ihre Kinder zu Jesus tragen wollten und die Jünger sie davon abzuhalten gedach-ten, weil sie der Meinung waren, Kinder seien zu gering und daß Jesus für Kinder zu hehr sei. Doch Jesus entschied sich anders und ver-wahrte sich regelrecht gegen diese Zumutung, als er sprach: „Lasset die Kinder zu mir kommen und wehret ihnen nicht …" (Mark 10).

Oder einmal als die Jünger Jesu sich über ihre Größe und Würde aufhielten, da nahm Jesus ein Kind, stellte es neben sich und sagte: „Wer ein solches Kind aufnimmt, der nimmt mich auf" (Mark 9). Kin-der sind etwas Besonderes – das Kostbarste auf dieser Welt, und wenn wir sie nicht ernstnehmen bzw. ihnen Gewalt antun durch Taten oder Worte –, so sagt Jesus: „Einen Mühlstein soll der um den Hals be-kommen, der Kinder mißhandelt, und er soll im Meer ersäuft werden, wo es am tiefsten ist" (Mt 18).

Religionspädagogik hat darüberhinaus also vom Kind aus zu begin-nen, bei Lebensthemen der Kinder, ihren Sorgen und Nöten, ihren Freuden und ihrem Leid, ihren Traurigkeiten und ihrer Neugierde, ih-rer Verschlossenheit und grenzenlosen Offenheit. Kinder lernen dann am besten, wenn sie spüren, daß ihre Fragen und Gefühle begleitet werden, daß sie es sind, die für weitergehende Impulse Verantwortlichkeiten in Gang gesetzt haben und nicht Erwachsene mit Themen/ Moralisierungen beginnen, bei denen Kinder sich unverstanden und alleine fühlen (müssen). Religionspädagogik als eine Theologie vom Kinde aus versteht sich nicht als eine höhere Einsichtsvermittlung in einer besonders dafür arrangierten Atmosphäre, sondern als in ein Ernstnehmen besonderer Kindersituationen und ein Einflechten religiöser Werte und gegebenenfalls biblischer Geschichten, eingebettet in gelebte christliche Werte wie Vertrauen, Vergebung, Befreiung, Glück und Liebe. Das Evangelium ist eine frohe Botschaft, die Kindern und Erwachsenen Mut macht, das Leben zu gestalten, Erfahrungen im Leben zu strukturieren und in alltäglichen Zusammenhängen ganz praktisch zu erfahren. Religionspädagogik als eine diakonische Aufgabe nimmt Kinder ernst, gesteht ihnen selbstverständlich und gerne ein grundsätzliches Mitspracherecht zu und bemüht sich, daß Kinder sich in einer für sie immer fremderen Welt aufgehoben und verstanden fühlen.

Brainstorming zum Schwerpunkt „Religionspädagogik":

- Kirche und ihre Mitverantwortung für den Kindertagesstättenbereich
  (Beschreibung bisheriger Mitverantwortung in der Gemeinde; Erörterung von Perspektiven und Notwendigkeiten)

- Selbstverständnis der MitarbeiterInnen zur Religionspädagogik
  (Bestandsaufnahme bisheriger Realitäten und ihre Bedeutung für die persönliche und berufliche Lebens-/Arbeitsgestaltung)

- Begriffsbestimmung zur „Religionspädagogik" gegenüber einer „religiösen Erziehung"

- Zustimmung/Ablehnung zum Begriff „Unterweisung im Glauben" (Problematisierung des Anspruchs einer „Glaubensunterweisung")

- Zustimmung/Ablehnung zur Aussage „Religiöse Erziehung ist ein Zusatzprogramm"

- Zustimmung/Ablehnung zur Aussage „Religionspädagogik ist ein natürlicher Teil des gemeinsamen Lebens mit Kindern"
  (Verdeutlichung anhand praktischer Beispiele)

- Religionspädagogik geschieht durch die Integration des Evangeliums in alltäglichen Erfahrungen und Erlebnissen

- Religionspädagogik ist keine Einübung in „kultisch-rituelle Frömmigkeits- und Konfessionsriten"

- Religionspädagogik versteht sich nicht als eine Indoktrination christlicher Dogmen

- Religionspädagogik ist gleichfalls keine Einübung in magische Vorstellungsmuster, mit denen Kinder überfordert sind

- Religionspädagogik knüpft an den praktischen Erfahrungen der Kinder an

- Vernetzung einer wertorientierten Entwicklungsbegleitung und einer kindorientierten Sicht des Lebens ist ein wesentlicher Bestandteil einer Religionspädagogik

- Religionspädagogik erfordert eine deutliche Solidarität mit Kindern

- Religionspädagogik erfordert die Wertschätzung der Würde von Kindern (als Ebenbild Gottes)
(Bestandsaufnahme zur Wertschätzung der Würde von Kindern)

- Christlichkeit legt Wert auf die Schaffung eines Vertrauensklimas zwischen Kindern und Erwachsenen
(Bestandsaufnahme zu den besonderen Merkmalen vertrauensbildender Möglichkeiten)

- Christlichkeit unterstützt die Erfahrung der Kinder, daß sie geliebt und verstanden, angenommen und getragen werden

- Religionspädagogik legt Wert auf die Integration des Kindergartens in der Gemeinde
(in demokratischer Absprache und gegenseitigem Zugestehen der unterschiedlichen Kompetenzen in den Bereichen Theologie und Elementarpädagogik)

- Religionspädagogik verfolgt keine Anpassung von Kindern
(Erarbeitung unterschiedlicher Merkmale von Anpassung und Befreiung)

- Religionspädagogik ist keine instrumentalisierte Form organisatorischer Rituale
(Beispiele lebendiger Christlichkeit)

- Religionspädagogik zeichnet sich durch ihre Qualität, nicht durch die quantitativen Aktionen in der Zusammenarbeit mit der betreffenden Kirchengemeinde aus
(Beispiele qualitativer Religionspädagogik)

- Religionspädagogik orientiert sich an den Herausforderungen der Gegenwart
  (Beispiele einer christlichen Unterstützung kindlicher Entwicklungen)

- Gott ist weder eine Aufsichtsperson noch ein Erziehungsmittel
  (Beispiele für die Blockierung zum Aufbau eines Vertrauens)

- Religionspädagogik sorgt für ein Entwicklungsklima der Geborgenheit von Kindern und für eine Vermeidung irgendwelcher Angstfixierungen

- Religionspädagogik unterstützt den Auf-/Ausbau einer christlichen Moral und verzichtet dabei auf moralisierende Merkmale
  (Beispiele für den Unterschied zwischen „Moral" und „moralisierende Verhaltensweisen")

Literaturhinweise „Religionspädagogik":

Betz, F.: Die Seele atmen lassen. Mit Kindern Religion entdecken. Kösel-Verlag, München, 3. Aufl. 1992
(Schwerpunkte: Sich einhorchen und einspüren;
Die Gegebenheiten bei Kindern im Kindergartenalter;
Erschließung der Wahrnehmungs- und Erlebnisfähigkeit;
Plädoyer für das Volksmärchen;
Mit Kindern von Gott sprechen;
Mit Kindern beten.)
Biesinger, A.: Kinder nicht um Gott betrügen. Anstiftungen für Mütter und Väter. Verlag Herder (Reihe: Herder Spektrum), Freiburg 1994
(Schwerpunkte: Religiosität und Religion;
Klärung eigener Gottesbilder;
Wie mit Kindern glauben lernen?
Das Umfeld als Lernfeld;
Die Bibel mit Kindern erleben.)
Cavaletti, S.: Das religiöse Potential des Kindes. Religiöse Erziehung im Rahmen der Montessori-Pädagogik. Verlag Herder, Wien 1994
(Schwerpunkte: Gott und das Kind;
Das Kind und der Erwachsene;
Christus, der Gute Hirte und das Licht;
Erziehung zum Staunen über das Reich Gottes;
Die Bildung der Moral;
Anthropologische Katechese.)
Diakonie – Theorien, Erfahrungen, Impulse: Evangelische Kindergärten … entwickeln sich weiter. Heft 2, März/April 1993. (Hrsg.: Diakonisches Werk der Evang. Kirche in Deutschland, Stuttgart)

(Schwerpunkte: Kinderfreundliche Kirche;
Evang. Kindergarten – evang. Profil und gesellschaftlicher Auftrag;
Die Rolle der Religion in der frühkindlichen Erziehung;
Veränderungsprozeß evang. Kindergärten in den jungen Bundesländern.)
Hofmeier, J.: Religiöse Erziehung im Elementarbereich. Ein Leitfaden. Kösel-Verlag, München, 3. Aufl. 1994
(Schwerpunkte: Die geschichtliche Entwicklung des Kindergartenwesens;
Soziale Bedingungen der religiösen Elementarerziehung;
Anthropologische Bedingungen der religiösen
Elementarerziehung;
Ansätze zur religiösen Elementarerziehung; Ganzheitliche elementare Persönlichkeitsbildung aus dem Glauben;)
Jäggle, M. und Mayer-Skumanz, L.: Mit Kindern über den Glauben reden. Tyrolia-Verlag, Innsbruck/Wien 1994
(Schwerpunkte: Religiöse Erziehung im Alltag;
Ich bin geboren – Grundvertrauen;
Ich freue mich – Positive Lebenseinstellung;
Ich mag mich – Prosoziales Empfinden;
Ich kann es – Kompetenzerfahrung;
Morgen gehe ich ihn wieder suchen – Gotteserfahrung.)
Montessori, M.: Gott und das Kind. Verlag Herder, Freiburg 1995
(Schwerpunkte: Grundgedanken: Gott und das Kind;
Religiöse Erziehung: Buchauszüge, bekannte und unbekannte Kursusvorträge;
Unbekannte Texte aus dem Nachlaß.)

Kinder im Mittelpunkt

Eine Konzeption dient neben einer Reflexion bisheriger Arbeitsschwerpunkte und einer deutlichen Erarbeitung neuer Perspektiven vor allem der Überprüfung der Aussage, eine „Pädagogik vom Kinde aus" zu gestalten. Allzuschnell werden solche – sicherlich überaus wichtigen – Aussagen vorgenommen, ohne allerdings den Wert dieses hochgesteckten Ziels in ihrer, ganzen Bedeutung zu erfassen.

Kinder kommen in den Kindergarten, um mit Hilfe der MitarbeiterInnen:

- ihr Leben Stück für Stück weiterzuentwickeln,
- ihre Identität auf- und auszubauen,
- über viele Handlungsprozesse Antworten auf ihre Fragen zu bekommen,
- die ganze Vielfalt des Spielens zu genießen,
- sich mit sich selber und anderen auseinanderzusetzen,
- Freude und Spaß zu haben,

- neue Erfahrungen zu machen bzw. bekannte Erfahrungen zu wiederholen,
- mit ausgeprägter Neugierde Unbekanntes auszuprobieren,
- ...

Dabei ist es notwendig, daß der Kindergarten ein Ort des gemeinsamen Lebens und Lernens ist, in dem sich Kinder wohlfühlen und erleben können. Allzulange wurde – nicht zuletzt durch veraltete Ausbildungsordnungen in Fachschulen und durch die Vermittlung längst überholter Inhalte – für Kinder gedacht und geplant, anstatt mit ihnen den Kindergartenalltag zu organisieren. So wundert es nicht, daß selbst im Kindergarten von drei Ausgangsmerkmalen gesprochen werden konnte: Kinder wurden verplant, ihre Erfahrungsräume eingegrenzt und ihre Erfahrungszeiten durch unterschiedliche Zeitstrukturvorgaben eingeengt. Zusätzlich entsprach es einer traditionellen ErzieherInnenrolle zu glauben, daß Kinder mit Inhalten und vorgegebenen Methoden konfrontiert werden müßten, damit sie etwas lernen. Dieser Begriff zog sich wie ein roter Faden durch die gesamte Elementarpädagogik: Lernen als eine organisierte Form des Anleitens und Auseinandersetzens, um auf bestimmte Zukunftsanforderungen vorbereitet zu sein. Allzuschnell vergaß man dabei, daß Kinder gerade in ganz alltäglichen Handlungsvollzügen bedeutsame Erfahrungen machen und selber ihre eigenen Lernprozesse dadurch organisieren, indem sie sich mit für sie aktuellen Tätigkeiten aktiv auseinandersetzen. Meist sind es Erfahrungen, Erlebnisse und Ereignisse, die Kinder in ihren vielfältigen Aktivitäten zu verstehen versuchen, um etwas „klar zu kriegen".

Durch die Fixierung der Elementarpädagogik auf eine vorweggenommene Zukunft wurden/werden Kinder in ausgeprägtem Maße ihrer Gegenwart beraubt, weil nur das Ferne, das zu Erwartende Gültigkeit besaß. Eine Erklärung dafür ist schnell gefunden: Einerseits lag diesem Handeln ein „Bild vom Kinde" zugrunde, das offensichtlich ein „unfertiger Mensch" sei, der durch gezielte Angebote erst zu einem „reiferen, fertigen Menschen" herangebildet werden mußte. Zum anderen waren/sind auch immer die unterschiedlichen Erwartungen mancher Eltern mit dafür verantwortlich, daß die Zeit des Kindergartens für Kinder einen erfolgversprechenden Nutzen mit sich bringen sollte.

Doch immer sind es Kinder, die diese Ansprüche auszuhalten haben und gegebenenfalls auch durch ihre besonderen Verhaltensweisen sich der Überforderung entgegenstellten (z. B. durch aggressive Abwehr, durch Rückzug oder andere Verteidigungsmechanismen). Kinder befanden/befinden sich immer mehr in einer Welt, die zunehmend verpädagogisiert und vertherapeutisiert wurde/wird. Viele Aspekte des Kinderlebens gestalten sich folgenotwendig in einer Umsetzung von pädagogischen Dogmen (= im Sinne festgesetzter Weisheiten), etwa, wenn es nicht mehr um eine ausgewogene, sondern um eine „ökologisch wertvolle Ernährung" geht, wenn dem Spiel der Kinder weniger eine lustbereitende Funktion zugestanden wird als vielmehr das Spielen und das Spielmaterial unter einem „Förderaspekt mit pädagogisch wertvollen Impulsen" begutachtet wird oder ganz natürliche Umfeld-/Umwelterfahrungen zu einer „naturnahen Ökologieerfahrung" gestaltet werden.

Dazu kamen/kommen immer neue Spezialisierungen: Anstatt mit Kindern die Kindergartenräume zu durchforsten und sich von überflüssigen Materialien zu trennen, wurden „spielzeugfreie Räume" zu einem neuen Programm erklärt, und Friedenserziehung hat in manchen Einrichtungen einen Vorrang vor der Tatsache, daß es doch eher darum geht, friedvoll mit Kindern den Alltag zu erleben. Anstatt die „pädagogischen Programme" in Kindergärten auf ihren Nutzen hin zu überprüfen, kamen immer wieder neue Spezialisierungen dazu, und dabei wurde/wird der Tatsache kaum Rechnung getragen, daß natürliche (!) Zusammenhänge und Vernetzungen eine immer geringere Bedeutung spiel(t)en. Kinder sind Kinder – verträumt und aktiv, zurückgezogen und lebendig, friedvoll und selbstbestimmt, egoistisch und sozial ausgerichtet; sie möchten einmal alleine sein oder mit anderen zusammen spielen, sind mutig und ängstlich, bilden Banden oder fühlen sich ausgeschlossen. Zu schnell und zu stark geschieht es, daß ursprüngliche Verhaltensweisen von Kindern unter einer „pädagogischen Erwachsensicht" beurteilt und verändert werden (sollen), so daß sich Kinder mit der Zeit immer weniger verstanden fühlen. Für Kinder ist es ebenso notwendig, sich mit anderen Kindern auseinanderzusetzen und zu streiten, sich von anderen zurückzuziehen und mit bestimmten Kindern keinen Kontakt pflegen zu wollen, sich mit ganzer Macht gegen unangenehme bzw. unzutreffende Erwartungen zu wehren oder in einer großen Fantasiewelt zu leben, bei der die Realität in weiter Ferne liegt. Kinder mit Ängsten brauchen ihre „imaginären Freunde" (= ausgedachte Personen/Tiere) solange, wie sie ihnen helfen, bestimmte Ereignisse zu überleben, und sie nutzen dann ihre Übertragungen auf bestimmte Figuren in ihren Lieblingsmärchen, solange ihnen diese Identifikationsmöglichkeiten zur Verfügung gestellt werden. Erinnert sei in diesem Zusammenhang an die dogmatische Herabwürdigung der Märchen in den sechziger und siebziger Jahren.

Kinder brauchen die Möglichkeiten, sich dann zu bewegen, wenn sie sich in Streßsituationen befinden, und sie reagieren mit einem berechtigten Ärger, wenn sie immer wieder zur Ruhe gerufen werden. Kinder suchen vielfältige Möglichkeiten, eigene Erfahrungen zu machen, und dabei ist es für sie nicht nachvollziehbar, daß offensichtlich einer propagierten „Aufsichtspflicht" mehr Bedeutung beigemessen wird als ihren Experimentierwünschen.

Kinder genießen es, wenn sie in Kinderkonferenzen, die regelmäßig stattfinden, ein offenes Ohr für ihre Wünsche und Bedürfnisse, Sorgen und Nöte, Ansprüche und Freuden finden, wenn sie erfahren, daß ihre Aussagen ernstgenommen werden und sie Beachtung finden, wenn andere ihnen zuhören und vor allem ihre Aussagen bei abzusprechenden Regeln oder Vorhaben dazu führen, daß sie wertgeschätzt werden.

Kinder suchen im Kindergarten nach Möglichkeiten, sich aus Ängsten zu befreien und neue Hoffnungen aufbauen zu können, und sie vertrauen darauf, daß sich im Kindergarten andere Rituale ergeben als zu Hause. Um diese wenigen Forderungen durchzusetzen und weitere Notwendigkeiten zu erarbeiten, ist es für die MitarbeiterInnen hilfreich, möglichst alle Aussagen mit dem Schwerpunkt „Kinder im Mittelpunkt" mit vielen praktischen Beispielen zu füllen, um aus der Grauzone einer bloßen „Wortnutzung" herauszukommen.

Brainstorming zum Schwerpunkt „Kinder im Mittelpunkt":

- Mit Kindern leben und lernen
  (Abgrenzung zur Aussage „an Kindern arbeiten")

- Im „jetzt und heute" mit Kindern leben
  (Merkmale einer Gegenwartsorientierung)

- Streit unter Kindern ist etwas Normales
  (Verzicht auf ständige Klärungsversuche durch die ErzieherInnen)

- Kinder haben ein Recht auf Respekt und Achtung
  (Beispiele zur Wertschätzung von Kindern in Abgrenzung zu Erlebnissen einer Geringschätzung)

- Kinder haben ein Recht auf Geheimnisse
  (Beispiele für den Kindergarten als ein Ort des Vertrauens in Abgrenzung zu Erlebnissen von Mißtrauen)

- Kinder haben ein Recht auf ihre individuelle Zeit
  (Beispiele für den Kindergarten als einen Ort ungeteilter Zeiten in Abgrenzung zu Erlebnissen des Gedrängtwerdens und der Hektik)

- Kinder haben ein Recht auf Verständnis und Verläßlichkeit
  (Beispiele für den Kindergarten als einen Ort der Akzeptanz ihrer
  Persönlichkeit und des Erlebens von Sicherheit in Abgrenzung zu
  Erlebnissen von Verunsicherungen und Abwertungen ihrer Person)

- Kinder haben ein Recht auf das Erleben von Gewaltfreiheit
  (Beispiele für den Kindergarten als einen Ort für eine angstfreie
  Entwicklung in Abgrenzung zu Erlebnissen angstbesetzten oder
  gewaltvollen Erfahrungen)

- Kinder haben ein Recht auf Bewegung und Ruhe
  (Beispiele für den Kindergarten als einen Ort der Lebendigkeit und
  Entspannung in Abgrenzung zu Erlebnissen der Unterdrückung
  von Bewegung bzw. der Provokation von Anspannungen)

- Kinder haben ein Recht auf Erfahrungsräume
  (Beispiele für den Kindergarten als einen Ort vielfältiger Erlebnisse
  in Abgrenzung zu Merkmalen einer isolierten und künstlichen
  Kinderwelt)

- Kinder haben ein Recht auf Mitsprache
  (Beispiele für den Kindergarten als einen Ort erfahrbarer Demokratie in Abgrenzung zu Erlebnissen autoritärer Strukturen)

- Kinder haben ein Recht auf gemeinsam getroffene Regelabsprachen
  (Beispiele für den Kindergarten als einen Ort für Kinder in Abgrenzung zu Merkmalen festgelegter Regeln und Verordnungen)

- Kinder haben ein Recht auf eigene Gefühlsausdrucksmöglichkeiten
  (Beispiele für den Kindergarten als einen Ort des Erlebens ihrer
  Emotionen in Abgrenzung zu Erlebnissen der Unterdrückung von
  Gefühlen)

- Mitgestaltung der Gegenwart unterstützt die Fähigkeit, auch die
  Zukunft mitzugestalten
  (Beispiele der aktiven und beteiligten Mitgestaltung der Tagesab-
  läufe durch Kinder)

- den Kindern zuhören
  (Kinder aussprechen lassen)

- die Kinder in ihren eigenen Gedanken begleiten
  (Beispiele der Sprachbegleitung unter Verzicht auf Fragen)

- Kinder informieren statt sie zu belehren
  (Beispiele gelungener/mißlungener Auseinandersetzungen)

● Kinder ernst nehmen
(Beispiele, in denen Kinder nicht einer Lächerlichkeit oder anderer Verletzungen ausgesetzt waren/sind)

● Kinder haben ein Recht darauf, die MitarbeiterInnen als engagierte und stellungbeziehende Erwachsene zu erfahren
(Beispiele für Engagement und deutliches Stellungnehmen)

● Durchführung von regelmäßigen „Kinderkonferenzen"
(Möglichkeiten für Kinder und Erwachsene, Bedürfnisse und Wünsche zu thematisieren und Regelungen zu treffen)

● Kinder können auch bei entsprechendem Wunsch bei sogenanntem „schlechten Wetter" nach draußen
(ehrliche Abwägung der MitarbeiterInnen zwischen eigenen Bedürfnissen und denen der Kinder)

● Überprüfung der Sinnbedeutung alltäglicher Morgen- und Abschlußkreise
(freiwilliges Angebot für alle Kinder)

● Kindern im Rahmen der Möglichkeiten das Gehen eigener Wege in ihrer Schwerpunktsetzung gewähren
(freiwillige Teilnahme bei den unterschiedlichen Projekten)

● Kindern ein Recht auf Kranksein zugestehen
(Eltern auf die Notwendigkeit hinweisen, daß kranke Kinder zu Hause bleiben, um ihre Krankheiten in Ruhe und bei guter Fürsorge durch die Erwachsenen auskurieren können)

● Nähe(wünsche) von Kindern zulassen
(keine Blockaden von kindgewünschten Zärtlichkeitsbedürfnissen)

● Akzeptanz von Ritualen, sofern sie von Kindern gewünscht werden
(Rituale als Sicherheiten zur Orientierungshilfe im Tagesablauf)

● Akzeptanz von mitgebrachtem Spielzeug
(nicht „nur" an sogenannten „Spielzeugtagen")

● Kindern auf ihre Fragen antworten
(nicht auf spätere Zeitpunkte der Beantwortung vertrösten)

● Erfahrungen mit dem eigenen Körper akzeptieren
(Kindern das Recht auf ihre eigene Sexualität zugestehen, sofern „Macht" oder Gewalt bzw. Zwang über andere ausgeschlossen sind)

- freies Frühstück
  (Kindern ein Recht auf ihr eigenes Eßbedürfnis/Hungergefühl zugestehen)

- Kindern die Möglichkeit gewähren, sich schmutzig zu machen
  (z. B. beim Buddeln, Graben, Spielen mit Wasser, Matschen …)

- Neugierde der Kinder wertschätzen und unterstützen
  (gemeinsam mit Kindern aus ihrer Perspektive die Welt erfahren helfen)

- Lebendigkeit der Kinder akzeptieren
  (die unterschiedlichen Temperamente von Kindern wahrnehmen und tolerieren)

- das Gefühl der Kinder, Stolz zu erleben, deutlich unterstützen
  (kindeigene Handlungsversuche bejahen)

- Kinder in ihrer Vielfalt beobachten
  (das Handeln der Kinder beschreiben und verstehen, nicht verurteilen bzw. durch Vermutungen eigene Wahrheiten schaffen)

- Versprechen und Absprachen einhalten
  (Kindern das Gefühl der unbedingten Verläßlichkeit schenken)

- mit Kindern experimentieren und dem Prozeß des Entstehens von Ergebnissen eine größere Bedeutung zugestehen als dem entstehenden Produkt

- Ausdrucksformen der Kinder verstehen wollen
  (sich in die Symbolik kindlicher Welten einarbeiten

- Kinderzeichnungen akzeptieren ohne „ästhetische Korrekturen"
  (den Erzählwert der Bilder und Zeichnungen in ihrer ursprünglichen Bedeutung begreifen)

- auf „Besserwissereien" grundsätzlich verzichten
  (Machtkämpfe im Hinblick auf einen „Sieger" und einen „Verlierer „vermeiden)

- Wertschätzung und Zuneigung – unabhängig von erbrachten „Leistungen" – den Kindern schenken
  (mit Kindern die Vielfalt unterschiedlicher Ausdrucksformen erfahren und bewundern)

- Verzicht auf jede Form der Ironie
  (Kinder können sogenannte „Doppelbotschaften" nicht eindeutig verstehen)

- Vergleiche der Kinder miteinander vermeiden
  (Kinder in ihrer Einmaligkeit auf dem Hintergrund ihrer besonderen biographischen Erfahrungen sehen)

- Bloßstellungen von Kindern unterlassen
  (Beispiele für Bloßstellungen identifizieren)

- kein Kind ausgrenzen
  (Integration unterschiedlicher Ansprüche und Erlebniswelten)

- Märchen einen Stellenwert einräumen
  (Kenntnisse der Märchen nutzen, um Kindern in besonderen Problemlagen hilfreiche Identifikationssituationen/-figuren zur Verfügung zu stellen)

- auf gesonderte Spezialisierungen verzichten zugunsten einer ganzheitlichen Projektarbeit
  (Bewegungsermöglichung an allen Tagen statt fester, isolierter Turntage; mit Kindern einen Weg zur Ausgewogenheit des täglichen Frühstücks suchen statt einer verordneten „gesunden Ernährung"; Musik mit Kindern im täglichen Miteinander erleben statt einer „funktionsorientierten musikalischen Frühförderung")

- mit Kindern lachen und weinen, schimpfen und ärgern, in Ängsten begleiten und sie in ihrer ganzen Emotionalität verstehen
  (Gefühle er-leben statt unterdrücken oder „zivilisieren")

- Kinder alleine lassen, wenn sie es wünschen
  (statt sie in soziale Bezüge integrieren wollen)

- Mit Kindern die Tage zu Erlebnissen gestalten
  (statt langweilige Programme durchsetzen)

- mit Kindern spielen
  (statt aus einer Angst vor Beeinflussung heraus sich aus vielen Spielaktionen heraushalten)

- Kindern ein Freund/eine Freundin sein
  (statt aus einer „übergeordneten Rolle" heraus Kinder belehren)

- von Kindern gewünschte Geheimnisse für sich behalten

- Entwicklungsbegleitung der Kinder als eine Aufgabe verstehen
  (Pädagogik nicht als eine „funktionalisierte Prägung" mit „methodischen Schwerpunkten" einschätzen und realisieren)

- mit Kindern Wagnisse eingehen
  (Gegebenheiten als Herausforderungen begreifen)

Literaturhinweise „Kinder im Mittelpunkt":

Barth, M. und Markus, U.: Unter Kindern – oder: wenn kleine Hände uns entführen. Verlag Pro Juventute, Zürich 1987
(Schwerpunkte: Freiraum – Spielraum;
Abschied und Anfang;
Hand-werk und Körper-spiel;
Von Knoten und Konflikten;
Kunst und Kultur mit Kindern.)

Brazelton, T.B.: Mein Kind verstehen. Entwicklungsprobleme der ersten Lebensjahre. Piper Verlag, München 1992
(Schwerpunkte: Liebe, Ängste und Traurigkeiten von Kindern;
Allgemeine Fragen (Disziplin, Mahlzeiten ...);
Psychosomatische Probleme bei Kindern.)

Elkind, D.: Das gehetzte Kind. Werden unsere Kleinen zu schnell groß? Kabel Verlag, Hamburg 1991
(Schwerpunkte: Faktoren der Hetze – Alltagsbeispiele;
Die Triebkräfte des Hetzens: Die Eltern;
Die Triebkräfte des Hetzens: Die Schule;
Die Triebkräfte des Hetzens: Die Medien;
Gehetzte Kinder – Gestreßte Kinder.;
Die Bedeutung der Zeit zum seelischen Wachsen;
Hilfen für gehetzte Kinder.)

Korczak, J.: Verteidigt die Kinder. Gütersloher Verlagshaus G. Mohn, Gütersloh, 5. Aufl. 1992
(Schwerpunkte: Das Recht des Kindes auf Erzieher;
Beispiele einer kindorientierten Sicht;
Texte zur Verstehens- und Begleithilfe der Entwicklung von Kindern.)

Korczak, J.: Das Kind neben Dir. Gedanken eines polnischen Pädagogen. Verlag Volk und Wissen, Berlin 1990 (Vertrieb über den Luchterhand Verlag, Neuwied)
(Schwerpunkte: Die Erziehung des Erziehers durch das Kind;
Das Recht des Kindes auf Achtung;
Fröhliche Pädagogik;
Das Kind in der Familie;
Die Regeln des Lebens;
Beispiele des Erlebens von Kindern.)

Krenz, A.: Kinderfragen gehen tiefer. Hören und verstehen, was sich hinter Kinderfragen verbirgt. Verlag Herder, Freiburg 1995
(Schwerpunkte: Sinn und Bedeutung von Kinderfragen;
Sprachfertigkeiten der Erwachsenen, auf Kinderfragen einzugehen;
Kommunikative Fähigkeiten zum Verstehen von Kinderfragen.)

Krenz, A.: Seht doch, was ich alles kann. Was uns Kinder sagen wollen. Verlag Herder, Freiburg, 2. Aufl. 1994
(Schwerpunkte: Kinderprobleme und ihre Hintergründe;
Kindheiten heute und ihre Folgen auf die Entwicklung von Kindern;
Beispiele symbolischer Ausdrucksformen seelischer Vorgänge in Kindern;
Hinweise zur Veränderung entwicklungshemmender Einflüsse auf Kinder.)

Krenz, A.: Was Kinder brauchen. Entwicklungsbegleitung im Kindergarten. Verlag
  Herder, Freiburg 1995
  (Schwerpunkte: Abgrenzung der Begriffe ‚Erziehung' und ‚Entwicklungsbeglei-
  tung';
  Merkmale einer kindorientierten Pädagogik:
  Respekt und Achtung, Akzeptanz von Geheimnissen, Verfügungsteilung von
  Zeit, Verständnis und Verläßlichkeit, Erleben von Gewaltfreiheit, Bewegung
  und Ruhe, Bereitstellung von Erfahrungsräumen, Mitsprache Erleben von Opti-
  mismus und Sicherheit sowie erfahrbarer Sinnzusammenhänge.)
Meckel, Chr.: Die Rechte des Kindes. Das Übereinkommen über die Rechte des
  Kindes, verabschiedet von der Generalversammlung der Vereinten Nationen in
  New York am 20.11.1989. Ravensburger Buchverlag, Ravensburg 1994
Montessori, M.: Kinder lernen schöpferisch. Die Grundgedanken für den Erzie-
  hungsalltag mit Kleinkindern. Verlag Herder, Freiburg 1994
  (Schwerpunkte: Grundprinzipien Maria Montessoris;
  Die Montessori-Pädagogik heute;
  Anregung für die Entwicklungsbegleitung von Kindern.)
Preuschoff, G.: Kleine und große Ängste bei Kindern. Kösel Verlag, München 1995
  (Schwerpunkte: Definition und Beschreibung von Angst;
  Beispiele zu Ängsten von Kindern;
  Formen der Hilfe durch Erwachsene.)
Raith, W. und X.: „Moral ist, was nur Große dürfen. „Das Wahre, Schöne, Gute
  und das Kind. Patmos-Verlag, Düsseldorf 1994
  (Schwerpunkte: Fragen und Antworten;
  Moral als Verhaltensgerüst und bequeme Ausrede;
  Widersprüche in der Erziehung;
  Ethik, Moralische Unmoral und unmoralische Moral;
  Pragmatismus kontra ideelle Standfestigkeit.)
Solther, A.J.: Wüten, toben, traurig sein. Starke Gefühle bei Kindern. Kösel-Verlag,
  München 1994
  (Schwerpunkte: Tränen und Zorn;
  Angst und Schrecken; Leben und Lernen;
  Spielen und Nachahmen;
  Konflikte und Herausforderungen;
  Freunde und Feinde;
  Essen und Krankheiten.)
Stein, A.: Wenn Kinder aggressiv sind. Wie wir verstehen und helfen können. Kö-
  sel-Verlag, München 1995
  (Schwerpunkte: ‚Gute' und ‚böse' Aggressionen;
  Hintergründe aggressiven Verhaltens;
  Möglichkeiten der Veränderung von Gründen und Auslösern für aggressives
  Verhalten.)
Zimmer, K.: Versteh mich doch bitte! Über die alltäglichen Mißverständnisse zwi-
  schen Kindern und Erwachsenen. Kösel-Verlag, München 1992
  (Schwerpunkte: Was alltägliche Mißverständnisse bewirken können;
  Die Bedeutung positiver und negativer Mutmaßungen über Kinder;

Die wichtigsten Grundmuster bei Mißverständnissen;
Die Bedeutung der Unkenntnis kindlicher Entwicklungen im Hinblick auf die
Entstehung von Mißverständnissen;
Wenn Kinder lügen, stehlen, aggressiv sind;
Theorien und Fantasien des Kindes;
Erwartungen und Übertragungen;
Aus Mißverständnissen lernen.)
Zöllner, U.: Die Kinder vom Zürichberg. Was macht der Wohlstand aus unseren
Kindern? Kreuz-Verlag, Zürich 1994
(Schwerpunkte: Familien heute;
Merkmale eines Lebens in der Wohlstandsgesellschaft;
Entwicklung und Persönlichkeitswerdung des Wohlstandskindes;
Wohlstandsverwahrlosung.)

Besondere Schwerpunkte

Mit diesem Punkt in der Erarbeitung und späteren Vorstellung der
Konzeption ist gemeint, daß an dieser Stelle durchaus die Möglichkeit
besteht, besondere Vorhaben/Aspekte der Kindergartenarbeit näher
zu beschreiben. So könnte es z. B. u. a.

● die Neugestaltung der gesamten Außenfläche,
● der Schwerpunkt einer neuen Kulturpädagogik,
● der Einbezug handwerklicher Arbeiten mit Kindern,
● der besondere Stellenwert einer ausgewogenen Ernährung sein.

Allerdings soll an dieser Stelle auch auf die Problematik eines solchen
Teils der Konzeption hingewiesen werden.
    Wenn von einer „ganzheitlichen, kindorientierten und bedürfnis-
ausgerichteten Pädagogik" die Rede ist, dann sind immer die Kinder
der besondere Schwerpunkt einer Institution, wobei z. B. die Raum-
gestaltung, der Stellenwert des Spiels, der Märchen, der Ernährung,
der Naturbeachtung etc. eigentlich nur eine notwendige Konsequenz
des Anspruchs der Kindorientierung sind. Es ist schon erstaunlich,
wenn in manchen Konzeptionen z. B. die Schwerpunkte „Körperhy-
giene" oder „Sozialerziehung" genannt werden, so daß sich Leserinnen und Leser kopfschüttelnd fragen, wo denn die Berechtigung für
eine solche Schwerpunktsetzung liegt, ist es doch auf der anderen Seite völlig normal (!), daß z. B. nach einem Toilettengang oder vor dem
Essen die Hände gewaschen werden, Kinder in sozialen Bezügen das
Spiel erleben können oder gemeinsame Projekte miteinander erlebt
werden können. Schwerpunkte werden aus Selbstverständlichkeiten
abgeleitet und bergen damit für die Einrichtung die Chance, sich ein

besonderes Profil zu geben, ohne zu bemerken, daß etwas „Normales" in der Pädagogik erneut zu etwas „Besonderem" hochstilisiert wird. Ein solches Vorgehen gibt der Elementarpädagogik kaum noch eine Berechtigung, qualitätsorientiert das Besondere in/an ihr zu verdeutlichen, so daß pädagogische Fachkräfte sehr sorgsam abwägen sollten, ob dieser Punkt wirklich in eine Konzeption aufgenommen oder aus fachlicher Sicht eher vernachlässigt werden sollte.

Brainstorming zum Schwerpunkt „Besondere Schwerpunkte":

- Erleben von Musik mit Kindern

- Werken im Rahmen der mit Kindern festgelegten Projekte
  (Ausprobieren von Werktätigkeiten;
  Nutzung der Werkbänke;
  Besorgen von Werkmaterialien ...)

- Singen alter/neuer Lieder, passend zu den Projektthemen

- Vorlesen/Erzählen von Märchen in bezug zu den Lebensplänen der Kinder
  („Symbiose-", „Trennungs-" und „Individuationsmärchen")

- Bewegung und Tanz als Ausdrucksformen innerer Bilder

- Naturräume mit Kindern gestalten
  (innerhalb und außerhalb des Kindergartens/des Kindergartengeländes)

- Pflanzen, Pflege und Nutzung eigener Gartenprodukte

- Kennenlernen unterschiedlicher Kulturen im Rahmen der Kindergartenkinder aus anderen Ländern

- Kunst und Ästhetik im bildnerischen Gestaltungsbereich

- Kulturpädagogik mit Kindern (Museums-, Theater-, Schauspielaktivitäten)

- Erfahrungen in/durch handwerkliche Tätigkeiten

- Mediennutzung und ihr besonderer Einsatz im Rahmen der Durchführung von Projekten

- Spielpädagogische Projekte (Spielketten)

- Entwurf, Gestaltung und Mitarbeit bei der Schaffung neuer Spielräume (innerhalb und außerhalb des Kindergartens)

Bedeutung und Stellenwert des Spiels

Das Spielen der Kinder umfaßt vor allem drei Kernbereiche: Zum einen dient das Spiel dem Aufbau sowie der Erweiterung der Persönlichkeit, zum zweiten bildet es die Basis für den Erwerb bedeutsamer Lernprozesse und zum dritten hilft es Kindern dabei, sich überhaupt in ihrer Welt zu orientieren und handelnd – also begreifend – zu erleben.

Was heißt das nun im einzelnen? Persönlichkeitsentwicklung durch das Spiel geschieht dadurch, daß Kinder eine Selbstkompetenz erleben, die dazu beiträgt, daß sie Vertrauen spüren, in sich und in ihr vielfältiges Handeln, indem sie u. a.:

- eigene Bedürfnisse wahrnehmen und umsetzen möchten,
- sich durch Motorik, Mimik und Gestik sowie Sprache äußern,
- Neugierde und Eigeninitiative spüren,
- Handlungsabläufe mit Risiken versehen,
- Handlungsimpulse mit Gefühlen und kognitiven Aspekten besetzen,
- Freude an der Umsetzung von Ideen finden,
- Möglichkeiten zur Problemdifferenzierung und -lösung suchen und erkennen können sowie
- ihr eigenes Tun mit Wertigkeiten belegen.

Persönlichkeitsentwicklung als der Auf- und Ausbau einer eigenen Identität verhilft Kindern dabei, sich in ihrer Besonderheit, ihrer Einmaligkeit wahrzunehmen und Stolz auf eigene Leistungen zu verspüren. Ein Stolz, der neue Handlungs- und Gefühls- sowie Gedankenimpulse provoziert und Kinder in die Situation des Spiels immer tiefer eintauchen läßt.

Dabei bietet das Spiel der Kinder in seinen unterschiedlichen Formen und Gestaltungsvarianten eine Vielfalt für Lernprozesse unterschiedlicher Art. So ist bekannt, daß Kinder, die viel und intensiv spielen, u. a. folgende Verhaltensweisen in einem ausgeprägteren Maße zeigen als Kinder, die in ihrer Spielfähigkeit eingeschränkt werden:

a) im emotionalen Bereich:
ein tieferes Erleben von Gefühlen;
ein besseres Verarbeiten von Enttäuschungen;
eine höhere Toleranz bei Frustrationen;
ein besseres Aushalten uneindeutiger (widersprüchlicher) Situationen;

eine geringere Aggressionsbereitschaft;
eine größere Zufriedenheit mit sich und in Situationen;
einen höheren Optimismus und
eine ausgeprägteres Verhältnis der vier Grundgefühle
(Angst, Freude, Trauer und Wut);

b) im sozialen Bereich:
ein besseres Zuhören-Können bei Gesprächen;
eine geringere Vorurteilshaltung anderer Menschen gegenüber;
eine bessere Kooperationsbereitschaft;
eine größere Vielfalt im Reagieren in Konfliktsituationen;
eine höhere Verantwortungsbereitschaft;
eine bessere Hilfsbereitschaft bei Notsituationen anderer;
ein intensiveres Schließen von Freundschaften;
eine höhere Bereitschaft, sich auf andere Personen einstellen zu können;
ein besseres Wahrnehmen von Bedürfnissen anderer;
eine höhere Regelakzeptanz sinnvoller Regelungen;
eine höhere Sensibilität bei der Wahrnehmung von Ungerechtigkeiten;

c) im kognitiven Bereich:
ein besseres vernetztes Denken;
eine höhere Konzentrationsfähigkeit;
ein besseres Langzeitgedächtnis;
eine erweiterte Wahrnehmung und eine bessere Differenzierung;
ein ausgeprägteres kausales Denken;
einen besseren Wortschatz;
eine differenziertere Sprache;
eine bessere Logik und eine
bewußtere Kontrolle im Hinblick auf eigenes Handeln;

d) im motorischen Bereich:
eine differenziertere Grob- und Feinmotorik;
eine gute visuell-motorische Koordinationsfähigkeit;
eine flüssigere Gesamtmotorik,
eine raschere Reaktionsfähigkeit.

Kinder lernen im Spiel(en) also gerade die Fähigkeiten, die notwendig sind, um ein selbständiges und teilautonomes Leben zu führen und Situationen so zu arrangieren, daß sie Mitgestalter ihrer Biographie sowie bestimmter Situationen sind. Es ist schon erstaunlich, daß dabei gerade das Spiel(en) die in Kindern liegenden Potentiale unterstützt und sie dabei im Grunde genommen auch alle Fähigkeiten lernen, die z. B. auch für einen späteren Schulbesuch erforderlich sind. Machen wir uns einmal eine einfache Gleichung bewußt: Wenn also Kinder durch das Spiel(en) und mit dem Spiel(en) selbst sowohl Selbst-, Sach- und Sozialkompetenzen erweitern und (nebenbei) so wichtige Fähigkeiten für ihre Lebensgestaltung lernen, dann würde eine Begrenzung der Spielmöglichkeiten wiederum bestimmte Folgen nach sich ziehen, die einem Kind im späteren Leben zum Nachteil ausgelegt werden würden (z. B. in der Schule). Das Spiel unterbrechen oder unterbinden hieße, Kinder in ihrer Entwicklung zu behindern – so einfach kann die Aussage auf den Punkt gebracht werden.

Da Kinder in einer Welt voller Reizeinwirkungen leben und immer auf der Suche sind, was diese Impulse mit ihnen selbst zu tun haben könnten, nutzen sie die unterschiedlichsten Formen des Spiels, Außenimpulse mit inneren Bedürfnissen zu verbinden. Kinder stellen damit Vernetzungen zweier Welten her und erleben auf diese Art und Weise ein Zusammenwirken unterschiedlicher Kräfte. Sie verinnerlichen damit einerseits die Außenwelt und äußern sich gleichzeitig durch ihr besonderes Spiel über ihre gefühlsbesetzte Innenwelt. Vor Jahren lag es in der Aufgabenstellung, die Spielfähigkeit der Kinder auszubauen, und heute zeigen entsprechende Untersuchungen und Beobachtungen in der Praxis, daß durch übermäßige Außeneinflüsse immer weniger Kinder spielen können.

Die Konsequenz für die Elementarpädagogik liegt auf der Hand: Die Spielfähigkeit als eine kindeigene Ausdrucks- und Erzählwelt muß verstärkt aufgebaut werden, um Kindern ihren ursprünglichen Reichtum an Ausdrucksverhalten wiederzubringen. Kinder brauchen daher keine neuen Lernprogramme, auch wenn sie „spielerisch" zu bewältigen sind. Was Kinder brauchen, sind Bedingungen, die ein intensives Spielen erlauben, Menschen, die sich als aktive MitspielerInnen von Kindern verstehen und Situationen, die ein vielfältiges Spielen unterstützen. Auf den Punkt gebracht heißt das, daß

- Kinder ausreichend Platz zum Spielen brauchen und Räumlichkeiten von unnötigem Mobiliar entlastet werden müssen;
- dem Spiel(en) der Kinder eine oberste Priorität eingeräumt werden muß und Spieleinschränkungen – etwa für gezieltes Lernen – davon zeugen, daß wenig Kenntnisse über die Wirkungen des Spiels zur Verfügung stehen;
- das Spiel(en) der Kinder möglichst wenig unterbrochen werden darf, zumal ein Versenken in Spielhandlungen für Kinder einer ernsthaften Arbeit gleichkommt;

- das Spiel(en) eher mit wenig Spielzeug auskommt, so daß Kinder sich veranlaßt sehen, selber ihre Spiele zu arrangieren und Verantwortung für die Spielabläufe übernehmen (müssen);
- Kinder während ihres Spielens sehr viel Zeit brauchen (dürfen) und ein Bedrängen der Kinder deutlich kontraproduktiv im Sinne einer Spielvertiefung ist;
- Kinder die Möglichkeit erhalten müssen, Spielabläufe selber zu gestalten, Spielprozesse mit Probieren und Versuchen ausfüllen können und dabei wichtige Erfahrungen machen;
- Kinder in den Erwachsenen SpielpartnerInnen entdecken, die selber motiviert sind mitzuspielen, sich auf den Boden begeben, keine Sorge um ihre Kleidung haben, sich schmutzig zu machen und voller Motivation zu spielbegeisterten Kindern werden;
- bestimmte ritualisierte Spielformen von Kindern akzeptiert werden müssen, weil sie Kindern dabei helfen, gerade durch bestimmte Wiederholungen etwas auf- oder nachzuarbeiten.

In einer Konzeption sollte daher der Bedeutung des Spiels sicherlich ein eigener Punkt gewidmet werden, um diesen Stellenwert im Leben der Kinder gesondert herauszustellen. Das kann für viele „leistungsorientierte" Eltern ebenso hilfreich sein wie für folgende Bildungseinrichtungen (wie z. B. die Grundschule), aber auch für pädagogische/therapeutische Fachdienste und einige MitarbeiterInnen selbst, um gerade hier den besonderen Bildungsauftrag zu dokumentieren.

Es wäre ein Drama für die Entwicklung vieler Kinder, wenn der Kindergarten diesen Freiraum zur Spielgestaltung und von Spielerlebnissen nicht nutzen würde und einer „gezielten Beschäftigung" von Kindern Vorrang einräumen würde. Wie kann es anders als ein Widerspruch erlebt werden, wenn z. B. in späteren Jahren Kinder mit besonderen Schulschwierigkeiten wieder über spezifische spieltherapeutische Verfahren zu einer Verbesserung ihrer Schulfähigkeit herangeführt werden.

Gerade die MitarbeiterInnen in Kindergärten sind es, die eine Spielatmosphäre unterstützen oder einschränken, indem sie sich als Akteure begreifen oder „nur zuschauen". Das Spiel(en) ist eine lebendige Auseinandersetzung mit sich, mit Materialien und mit anderen Menschen, und Kinder beobachten und spüren sehr differenziert, welchen Stellenwert das Spiel(en) in ihrer erlebten Praxis (!) erhält. Spiele(n) vollziehen sich nicht in erster Linie auf irgendwelchen Tischen (Brettspiele), sondern geschehen dort, wo das Leben pulsiert: auf freien Flächen, in Höhlen und Buden, auf Bäumen und dem Boden, in Abseiten und selbstgebauten Holzhütten, im Wald und auf Feldern, in Knicks und im Buschwerk, in uneinsehbaren Ecken und bei lebendigen Festen.

Brainstorming zum Schwerpunkt „Bedeutung und Stellenwert des Spiels":

- Begriffsbestimmung der Worte „Spiel" und „Spielen"

- Spielen als zentrale Tätigkeitsform des Lebens der Kinder
  (Setzung eigener Ziele mit einem hohen Maß an Eigenaktivität)

- Das Spielen der Kinder trägt eine Eigendynamik in sich und trägt zu einem Eigenleben bei
  (Schwierigkeit der Begrenzung von Spielhandlungen)

- Zusammenhang von Spielmotivation und Spielumgebung
  (Begrenzung der Spielmaterialien als Voraussetzung des Auf-/Ausbaus der kindlichen Spielwünsche)

- Spielgestaltung als ein Versuch der Auseinandersetzung mit der Umwelt, des Umfeldes, gemachter Erlebnisse und bedeutsamer Ereignisse

- Zugestehen eines großen Freiraums für das Spielen der Kinder

- Echtes Interesse an den Spielaktivitäten der Kinder zeigen
  (Motivation durch ein aktives Teilhaben am Spiel)

- Erhöhung des Selbstwertgefühls durch vorgenommene Spielhandlungen
  (Kinder erleben sich als Bewirker ihrer Aktionen und sind stolz auf ihr Können)

- Spielen unterstützt die Persönlichkeitsentwicklung der Kinder
  (Unterstützung der Lern-, Leistungs- und Bildungsfähigkeit)

- Spielen hat eine „heilende Wirkung"
  (Spielen dient u. a. der Aufarbeitung vergangener Sinneseindrücke)

- Besonderheiten unterschiedlicher Spielformen:

das Rollenspiel	(als aktives Symbolisieren der Selbst- und Fremdwahrnehmung),
das Freispiel	(als Erlebnis nachzuarbeitender Vergangenheit bzw. zukünftigen Begreifens bestimmter Situationen),
das Interaktionsspiel	(als eine soziale Spieltätigkeit),

das Phantasiespiel	(als ein Versuch der Kinder, mit Gedanken und Gefühlen zu experimentieren),
das Bauspiel	(als Ausdruck der Freude am Herstellen von selbstgewählten Produkten),
die Regelspiele	(mit ihrer Bedeutung für sozial-moralische Entwicklungen eigener Werte),
Bewegungs- und Tanzspiele	(als Ausdruck rhythmischer Empfindungen und der Freude ganzheitlicher Motorik),
Fantasyspiele	(als ein symbolischer Ausdruck des eigenen Identitätserlebens),
Strategiespiele	(aus der Freude/Spannung heraus, kognitive Lösungswege zu entdekken),
Aktionsspiele	(aus dem eigenen Erlebnis heraus, sich deutlich zu erfahren und Beteiligter zu sein),
das Theaterspiel	(als Ausdruck einer Freude, sich in einer Rolle oder in besonderen Ereignissen zu erleben),
Aggressionsspiele	(als eine besonders aktive und erlebnisorientierte Ausdrucksform),
das Marionettenspiel	(als Hilfe zur Identifikation mit bestimmten Figuren),
das Schattenspiel	(zur Auseinandersetzung und Verarbeitung von Ängsten),
Konstruktionsspiele	(aus Freude heraus, geplante Gedankenwelten in Spielwelten umzusetzen)

- Aufbau einer Spielfähigkeit
  (Handlungslernen durch die „Ernsthaftigkeit des Spiels")

- Ausbau der Spielfähigkeit
  (Ausbau von Erfahrungs- und Handlungsräumen)

- Zusammenhänge zwischen Spiel- und Schulfähigkeit
  (Kinder „lernen" im Spiel notwendigen Kompetenzen im Hinblick auf die Anforderungen durch die Schule:
  emotionale Kompetenz: – Ausgeglichenheit – durch den Abbau von Spannungen,

	– Belastbarkeit – durch das ständige Wiederholen bei Mißerfolgen,
	– Vertrauen – durch den Stolz auf eigenes Leistungsvermögen;
soziale Kompetenz:	– Kontaktpflege – durch den Aufbau und das Erleben sozialer Bezüge,
	– Toleranz – durch das Zurückstellen eigener Bedürfnisse,
	– Regelbeachtung – durch notwendige Absprachen mit den MitspielerInnen;
motorische Kompetenz:	– Reaktionsvermögen – durch schnelle Aktionsmotorik,
	– Auge-/Hand-Koordination – durch gezielte Umsetzungen der Handmotorik in Verbindung mit visuellen Abschätzungen,
	– Steuerung der Feinmotorik – durch kognitive Umsetzungsstrategien;
kognitive Kompetenz:	– Konzentration – zielgerichtete Aufmerksamkeit auf eine Tätigkeit,
	– Erkennen von Kausalzusammenhängen durch Verknüpfungen von Ursache und Wirkung,
	– Wahrnehmungsfähigkeit – durch die Entscheidung zur genauen Beobachtung)

- Spiel und Persönlichkeitsentwicklung
  (Kinder bauen durch die unterschiedlichen Spielaktivitäten ihre Identität auf/aus)

- Spiel unterstützt die Übernahme von Rollen
  (als Grundlage der Entwicklung von Intelligenz)

- Kognitive Prozesse vollziehen sich in Interaktionssituationen
  (Das Spiel ist dabei eine hervorgehobene Aktivität)

- Spielen braucht Platz und Raum
  (Herstellen von genügend Freiflächen zum Spielen

- Vermeidung von Spielunterbrechungen
  (Spielaktionen sollten zu Ende geführt werden können)

- Verringerung/Abschaffung sogenannten „didaktischen Spielmaterials"
  (didaktisches Spielmaterial entspricht keiner Ganzheitlichkeit und erfüllt nicht den Anspruch einer „Zweckfreiheit")

- freie Materiennutzung im Spiel
  (Verbindung unterschiedlicher Materialien in einer Spielaktivität)

- Kinder haben das Recht, alleine zu spielen
  (Unterstützung und Bejahung des individuellen Spielens)

- Ablehnung von Dogmen gegen geschlechtsspezifisches Spielzeug/Spielen
  (Jungen und Mädchen können selbstverständlich in gleichem Maße mit Puppen, Holz, Fahrzeugen etc. spielen)

- Zulassung von Aktionsspielzeug
  (keine Ausgrenzung irgendwelchen Spielzeugs)

- Kinder können im Spiel ebenso Wildheit ausdrücken wie Ruhe
  (Ausbau der eigenen Spieltoleranz auf seiten der Erwachsenen)

- Ablehnung eines sogenannten Spielzeugtages
  (Kinder können zu jeder Zeit ihr persönliches Spielzeug von Zuhause in den Kindergarten mitbringen)

- Teilnahme der ErzieherInnen am Spiel der Kinder, wenn sie es wünschen
  (Beteiligung als MitspielerIn)

- grundsätzliche Begrenzung der Spielmaterialien
  („Weniger das Viele als vielmehr das Wenige" – Montessori –)

- Beobachtung und Auswertung von Spielaktivitäten der Kinder
  (Verstehen der Symbolik einzelner Spielhandlungen)

- Spielen und Risikofähigkeit
  (Spielprozesse der Kinder unterstützen und mutig mit ihnen neue Spielvorhaben ausprobieren)

Literaturhinweise „Bedeutung und Stellenwert des Spiels":

Einsiedler, W.: Das Spiel der Kinder. Zur Pädagogik und Psychologie des Kinderspiels. Verlag Julius Klinkhardt, Bad Heilbrunn 1991
(Schwerpunkte: Begriffsbestimmung ‚Kinderspiel';
Funktionen des Kinderspiels;
Sequenzen des Kinderspiels;

Elemente einer Theorie des Kinderspiels;
Die psychomotorischen Spiele;
Phantasie- und Rollenspiele;
Bau- und Konstruktionsspiele;
Regelspiele;
Überlegungen zur Spielförderung;
Spielzeugbeurteilung.)

Fritz, J.: Theorie und Pädagogik des Spiels. Eine praxisorientierte Einführung. (Reihe: Grundlagentexte Soziale Berufe). Juventa Verlag, Weinheim und München 1991
(Schwerpunkte: Betrachtungen zum Spiel;
Entwicklung des Spielverhaltens von Kindern;
Kinder und ihre Spiel(formen);
Wie Kinder ihr Spiel organisieren;
Das Wesen des Spiels;
Aufgaben und Bereiche der Spielpädagogik;
Der Zusammenhang von Spielen und Lernen;
Planung von Spielaktivitäten.)

Fritz, J.: Spielzeugwelten. Eine Einführung in die Pädagogik der Spielmittel. (Reihe: Grundlagentexte Soziale Berufe). Juventa Verlag, Weinheim und München, 2. Aufl. 1992
(Schwerpunkte: Die Puppe als Stellvertreter und Spielkamerad;
LEGO im Spiel des Kindes;
Mit PLAYMOBIL Wirklichkeit nachspielen;
HE MAN – Aktionsfiguren;
Geschicklichkeitsspiele;
Brettspiele;
Videospiele – ein problematisches Freizeitmedium?)

Heimlich, U.: Einführung in die Spielpädagogik. Eine Orientierungshilfe für sozial-, schul- und behindertenpädagogische Handlungsfelder. Verlag Julius Klinkhardt, Bad Heilbrunn 1993
(Schwerpunkte: Personale, soziale und ökologische Aspekte des Spiels;
Pädagogik der Spielmittel;
Pädagogik des Interaktionsspiels;
Pädagogik des Spielraums;
Pädagogik der Spielzeit;
Spielpädagogische Methoden und Formen;
Didaktik des Spiels;
Spielbeobachtung bei Lern- und Entwicklungsschwierigkeiten;
Ausbildung für Spielpädagogik.)

Mogel, H.: Psychologie des Kinderspiels. Die Bedeutung des Spiels als Lebensform des Kindes, seine Funktion und Wirksamkeit für die kindliche Entwicklung. Springer Verlag, Berlin/Heidelberg, 2. Aufl. 1994
(Schwerpunkte: Begriffsbestimmung „Spielen“;
Die Bedeutung des Spielens für Kinder;
Spieltheorien aus wissenschaftlicher Sicht;

Funktionen des Spiels für die kindliche Entwicklung;
Spielformen und Gestaltungsmöglichkeiten;
Das Erleben und die Wirkung der Spielinhalte auf die Erfahrung;
Die verschiedenen Spielarten als Komponenten der kindlichen Entwicklung;
Der Einfluß von Spielzeug, Spielplätzen, Spielräumen und Spielzeiten;
Das Kinderspiel als Motor der Persönlichkeitsentwicklung und Lebensbewältigung;
Die Spieltätigkeit als aktive Darstellung, Gestaltung und Symbolisierung;
Die Förderung der individuellen Entwicklung durch Spielen;
Anwendungsaspekte für Spieldiagnostik und -therapie;
Hinweise für die Praxis/Begriffserläuterungen.)

Retter, H.: Kinderspiel und Kindheit in Ost und West. Spielförderung, Spielforschung und Spielorganisation in einzelnen Praxisfeldern unter besonderer Berücksichtigung des Kindergartens. Verlag Julius Klinkhardt, Bad Heilbrunn 1991
(Schwerpunkte: Neue Aspekte der Globalbetrachtung des Spiels;
Spielförderung im Dienste des kognitiven und sozialen Lernens;
Phantasie – und Fantasy-Spiele;
Aktionsspielzeug – eine kritische Betrachtung;
Kindergartenpädagogik und Kinderspiel im Spiegel gesellschaftlicher Veränderungen.)

Materialbände:

Baum, H.: Spiele aus Großmutters Zeit. Für Kinder von heute entdeckt. Verlag Herder, Freiburg 1995
(Schwerpunkte: Zur Geschichte des Spiels;
Rate-, Mal-, Sing- und Blödelspiele, Tisch- und Brettspiele;
Bewegungsspiele im Haus;
Versteck- und Geländespiele;
Fang- und Haschespiele;
Geschicklichkeits-, Murmel- und Kreiselspiele;
Spiele mit Bällen, Ringen und vielem mehr.)

Baumgartner, M./Färber, G./Michels, F.: SpikS – Spielkartei für Sonder- und Heilpädagogik. verlag modernes lernen, Dortmund 1992
(Schwerpunkte: Hinweise für SpielleiterInnen;
Bewegen und Tanzen;
Darstellen und Phantasieren;
Einstieg und Aufwärmen;
Geschicklichkeit und Zusammenarbeit;
Körpernähe und Zärtlichkeit;
Material- und Raumerfahrung;
Ruhe und Entspannung;
Spaß und Unterhaltung;
Wahrnehmen und Handeln.)

Breucker, A.: Schmusekissen, Kissenschlacht. Spiele zum Toben und Entspannen. Ökotopia Verlag, Münster 1993

(Schwerpunkte: Gedanken zum Umgang mit Aggressivität im Spiel; 84 Spiele mit Kissen.)

Geißler, U.: Wilde Spiele. Spiele, Spaß und Abenteuer für tobelustige und verwegene Gruppen. Ökotopia Verlag, Münster 1995
(Schwerpunkte: Wilde Spiele auf Straßen, Wiesen und Plätzen;
Wilde Spiele im Wald;
Wilde Spiele im, am und mit Wasser;
Wilde Spiele rund ums Feuer;
Wilde Spiele bei Dunkelheit und nachts;
Wilde spiele bei Regen, Wind, Eis und Schnee;
Wilde Spiele im Haus.)

Krenz, A.: Spiele(n) mit geistigbehinderten Kindern und Jugendlichen. – Spielimpulse zum Erleben von Spaß und Kommunikation und notwendige Hinweise für eine Spieldidaktik unter sonderpädagogischer Sicht. Verlag gruppenpädagogischer Literatur, Wehrheim, 2. Aufl. 1993
(Schwerpunkte: Zum Spielverhalten geistigbehinderter Kinder;
Spielen und Lernen;
Aufbau von Spielprozessen;
Hinweise zur Spieldurchführung;
42 Spiele.)

Reuys, E. und Viehoff, H.: Freizeit mit Kindern gestalten. Verlag Don Bosco. München, 2. Aufl. 1995
(Schwerpunkte: Dorf und Stadt;
In Feld und Flur;
Im Wald;
Am Wasser, Strand und Meer;
Im Gebirge;
Sonne, Wind und Regen;
Eis und Schnee;
Abends, wenn es dunkel wird.)

SOS-Kinderdorfmütter.: Kinderspiele aus aller Welt. Für Kinder ab 5 Jahren. Falken Verlag, Niedernhausen 1994
(Schwerpunkte: Blindekuhspiele;
Spiele mit großen und kleinen Bällen;
Rate- und Gedächtnisspiele;
Spiele mit Steinchen, Bohnen und Murmeln;
Simon-sagt-Spiele;
Fang- und Tummelspiele;
Geschicklichkeitsspiele;
Such- und Versteckspiele;
Spiele am Tisch;
Staffeln und Wettläufe;
Hüpfspiele;
Spiele mit Stöcken;
Spiellieder.)

Person der Erzieherin

Dreh- und Angelpunkt der Gestaltung der gesamten pädagogischen Arbeit sind die ErzieherInnen der Einrichtung, die mit ihrer ganzen Persönlichkeit und ihren Kompetenzen die Atmosphäre (das „Wachstumsklima") in der Institution „Kindergarten" prägen.

Lange Zeit herrschten dabei eher Begriffe vor, die einer typischen Rollenvorstellung einer „Kindergärtnerin" entsprachen: so „kümmerten sie sich" um die Kinder, versuchten, „ein gutes Sozialverhalten herzustellen", regelten den Tagesablauf und achteten auf eine bestimmte Ordnungsstruktur, legten Wert auf „jahreszeitliche Traditionen mit entsprechenden Tätigkeiten" und „gestalteten nach eigenen Vorstellungen – teilweise mit Kindern – die Räume unter Beachtung bestimmter Dekorationsregeln". Sie „nahmen vor allem die Sorgen anderer auf sich", „ließen sich auch dann ablenken, wenn sie gerade mit bestimmten Kindern einer bestimmten Tätigkeit nachgingen" und „verzichteten in großem Maße auf eine fachausgerichtete Selbstdarstellung im Interesse der Sache". Auf den Punkt gebracht kann das Verhalten mit den Begriffen „verstehen, helfen, sorgen, für andere denken, sich aufopfern und regeln" umschrieben werden. Vielleicht ist es zu gewagt, das Wort „Ersatzmütter" in diesem Zusammenhang heranzuziehen, doch bei genauerem Hinschauen scheint dieser Begriff durchaus seine Berechtigung zu besitzen.

Diese Vorstellung wird selbst heute noch genährt. So war in der Zeitschrift „Freundin" im Berufsspezial vom 10.05.1995 (Heft 11) folgendes zu lesen: „Kindergärtnerin: Aufgaben – Die eigentliche Berufsbezeichnung, wie sie z. B. auch beim Arbeitsamt verwendet wird, lautet Erzieherin. Im Kindergarten betreut sie meist vormittags Kinder von drei bis sechs Jahren. Sie macht mit ihnen Gruppenspiele, Ausflüge, kleine Lernprogramme wie Lesen, Uhrzeitüben, aber auch Basteln gehört zu den Beschäftigungen ...." Dieser Text, der darüberhinaus keine weiteren Angaben zu weiteren Aufgaben nennt, dokumentiert auf eine geradezu unverantwortliche Art und Weise genau das Bild in der Öffentlichkeit, das lange Zeit vorherrschte und auch heute noch in manchen Köpfen Wahrheit ist. Dem muß deutlich widersprochen werden, richten sich die Ziele und Aufgaben doch nach dem KJHG, den Kindertagesstättengesetzen der einzelnen Bundesländer und nach dem Berufsbild der ErzieherInnen, wie es z. B. durch den „Bundesverband evangelischer ErzieherInnen und SozialpädagogInnen e.V." nicht klarer und treffender ausgedrückt werden konnte. So ist klipp und klar das Profil umrissen: „Das pädagogische Handeln der ErzieherInnen geschieht im Spannungsverhältnis vielfältiger, oft widersprüchlicher Erwartungen, die von Kindern, Eltern, Trägern und der Allgemeinheit an die ErzieherInnen herangetragen werden. Die ErzieherInnen verstehen sich in erster Linie als PartnerInnen der Kinder / ... / und AnwältInnen ihrer Interessen.

Sie treten insbesondere für die Erhaltung und Verbesserung der Lebensbedingungen von Kindern / ... / aller Schichten, Nationen und Religionen ein. Von diesen Standpunkt aus müssen sie ständig neu die Berechtigung der Ansprüche prüfen, die an sie gestellt werden. Sie treffen ihre Entscheidungen für ihr erzieherisches Handeln auf der Grundlage einer kritischen Auseinandersetzung sowohl mit den pädagogischen Traditionen als auch mit neuen wissenschaftlichen Erkenntnissen und bildungspolitischen Strömungen. Das pädagogische Handeln der ErzieherInnen hat die Förderung der Gesamtpersönlichkeit des Kindes / ... / zum Ziel und geht damit über bloße Bewahrung oder die Schulung einzelner Fähigkeiten und Fertigkeiten hinaus. Sie berücksichtigen die Bedürfnisse der Kinder / ... /, ihre Lebenssituation und die Entwicklungsaufgaben der jeweiligen Altersstufe. Die Erzieherin kann ihren Erziehungsauftrag im lebendigen Bezug zur christlichen Gemeinde gestalten."[2]

Durch diese Sätze wird in deutlicher Form auf drei Persönlichkeitsmerkmale der ErzieherInnen aufmerksam gemacht: ihre Identität, ihre Autonomie und ihre Kompetenz, wenn es etwa darum geht,

- Pädagogik als einen dauernden Spannungsprozeß zu verstehen (und gestellte Erwartungen sorgsam voneinander abzugrenzen);
- Anwalt/Anwältin und BündnispartnerIn von Kindern zu sein (und sich damit parteilich auf die Seite der Kinder zu stellen);
- die Lebensbedingungen von Kindern zu sehen und verbessern helfen (und sich damit deutlich gemeinwesenorientiert zu orientieren);
- die Berechtigung von Außenansprüchen kontinuierlich abzuwägen (und sich für bzw. gegen unberechtigte Ansprüche zur Wehr zu setzen);
- pädagogische Traditionen auf ihren Sinn hin zu überprüfen (und sie fachkompetent in Frage zu stellen);
- neue wissenschaftliche Erkenntnisse zu kennen und zu beachten (und diese in das eigene Arbeitsverständnis zu integrieren);
- bildungspolitische Strömungen zu erkennen (und diese sorgsam abzuwägen im Hinblick auf ihre Bedeutung);

---

[2] Berufsbild der Erzieherin, hrsg. vom Bundesverband evangelischer ErzieherInnen und SozialpädagogInnen e.V., Lübeck 1984, S. 2.

- die Gesamtpersönlichkeit der Kinder zu beachten
  (und damit teilisolierte „Förderprogramme" zu meiden);
- Bedürfnisse von Kindern zum Ausgangspunkt der Arbeit zu setzen
  (und nicht eigene Wünsche/Bedürfnisse in den Vordergrund zu
  bringen);
- Entwicklungsaufgaben wahrzunehmen
  (und damit Kinder in ihrer Persönlichkeit zu begleiten);
- Religionspädagogik in einen lebendigen Bezug zur Gemeinde hin-
  eintragen zu können
  (und damit über eine „Wortverkündigung" hinauszugehen).

Berufliche und persönliche Identität umfaßt in ihrer Ganzheitlichkeit
ebenfalls drei Aufgaben:
1. ErzieherInnen haben die Aufgabe zu erfüllen, eine Auseinandersetzung mit sich selbst zu pflegen, indem sie sich bemühen, ihre eigene Biographie (mit allen besonderen Erfahrungen, Erlebnissen und
Ereignissen) zu erhellen und ihre Einstellungen und Werte zu reflektieren, ihre jeweiligen Berechtigungen zur Pädagogik abzuwägen, Widersprüche zu identifizieren und zu klären, sich von
Fremdbestimmungen zu befreien und statt auf der Ebene einer
„Meinungsdiskussion" zu einer Basis der Fachauseinandersetzung
zurückfinden. Das kann am besten geschehen, wenn die vielfältigen
Möglichkeiten genutzt werden,
- Anforderungen an sich selbst zu stellen,
- Selbsterfahrung auf sich zu nehmen,
- das „eigene Kind" in sich zu entdecken und Schmerzaspekte
  (z. B. auch mit fachkompetenter Hilfe) zu verarbeiten,
- Neugierde, Mut und Interesse an Neuem zu zeigen und
- Persönlichkeitsentwicklung vor die Aufgabe einer Fachkompe-
  tenzerweiterung zu setzen.
2. ErzieherInnen haben die Aufgabe wahrzunehmen, ihre Fachkompetenz kontinuierlich zu erweitern, um einerseits die Elementarpädagogik als eine eigenständige Fachdisziplin qualifiziert umzusetzen, andererseits den Kindern und Eltern damit die Möglichkeit
zu bieten, den Kindergarten als einen Ort qualitätsorientierter
Pädagogik zu erleben.
Dies ist vor allem dann möglich, wenn
- Fachdiskussionen gepflegt,
- Fort- und Weiterbildungsseminar besucht,
- Fachliteratur regelmäßig gelesen,
- und auch berufspolitische Auseinandersetzungen geführt werden.

Fachkompetenz ist geprägt durch ein vernetztes Denken, bei dem Sinnzusammenhänge neu hergestellt und Sinnbedeutungen in zunehmendem Maße erkannt werden, prozeßorientierte Vorgehensweisen geplant und umgesetzt sowie neue Handlungsweisen selbst- und fachkritisch betrachtet werden.

3. Und schließlich kommt der Sozialkompetenz eine nicht weniger bedeutsame Rolle zu. Soziale Bezüge – zu KollegInnen, Eltern, Kindern, dem Träger, der Öffentlichkeit – gestalten eine Kommunikationskultur, und so ist es nicht unerheblich, wenn

- Zuverlässigkeit gezeigt,
- Klarheit in Diskussionen dokumentiert,
- Wahrnehmungsoffenheit für andere Menschen gelebt,
- Vorurteilsfreiheit von anderen erlebt,
- Kooperation gesucht,
- Konfliktkultur realisiert,
- Auseinandersetzungen auf einer inhaltlichen Ebene gepflegt,
- Machtkämpfe für überflüssig erlebt,
- Spontaneität freigesetzt und
- Einigungsversuche unternommen werden.

Identität im Beruf meint eine Verschmelzung von persönlicher und fachlicher Tiefe, so daß gerade diese „Stimmigkeit" den Kindern und ihren Eltern eine Sicherheit vermittelt, die dazu geeignet ist, einander zu vertrauen und miteinander nach gemeinsamen Wegen der Gestaltung des Arbeitsalltags zu suchen. Nichts ist für die Öffentlichkeit, Eltern und Kinder irritierender, als wenn sie spüren (müssen), daß Worte, Ansprüche und Handlungsweisen nicht deckungsgleich sind. ErzieherInnen haben – wie alle Erwachsenen – eine Vorbildfunktion für Kinder, und es wird von dem Augenblick in jeder Einrichtung von einer lebendigen personorientierten Pädagogik die Rede sein können, wenn sich persönliches Wachstum der Fachkräfte darin zeigt, daß

- Kinder eine reale Mitbestimmung erhalten,
- ErzieherInnen einer realen Bedürfnisorientierung vom Kinde aus Platz und Zeit schenken,
- Eltern eine reale Annahme ihrer besonderen Situationen erleben und
- die Öffentlichkeit ein reales Bild vom Kindergarten erhält.

Brainstorming zum Schwerpunkt „Person der Erzieherin":

- Auseinandersetzung zum Selbstverständnis der eigenen Rolle
  (Erzieherin vs. Entwicklungsbegleiterin)

- Interessenvertreter der Bedürfnisse der Kinder
  (in Abwägung und Abgrenzung zu den Erwartungen der Eltern)

- Ablehnung jedweder Disziplinierungen von Kindern
  (mit den Stärken der Kinder, nicht gegen ihre Schwächen arbeiten)

- Humor zeigen
  (Pädagogik als eine Chance begreifen, mit Kindern zu leben und
  von ihnen zu lernen)

- auf Machtkämpfe/Gewinneransprüche verzichten
  (ein Verhältnis zur demokratischen Partnerschaft anstreben)

- KonfliktbegleiterIn, keine KonfliktlöserIn sein
  (Konflikte mit Kindern lösen, nicht für Kinder Lösungen vorgeben)

- Vorbildfunktion wahrnehmen, mit allen Fehlern und Schwächen
  (kein unerreichbares „Modell" darstellen)

- Fröhlichkeit und Freude ausdrücken
  (Pädagogik nicht als ein überernstes „Geschäft" ansehen)

- Gefühle mit Kindern erleben
  (eigene Gefühle der Traurigkeiten, Freude, Wut und Angst zeigen)

- sich auf die Ebene von Kindern begeben
  (Ereignisse aus dem Blickwinkel von Kindern betrachten)

- Pädagogik als eine Fachdisziplin mit Zeit ausfüllen
  (Kinder nicht zu irgendwelchen Arbeitsergebnissen drängen)

- Ausdrucksformen des Kinderlebens verstehen und begreifen
  (die Symbolik des Verhaltens, des Spiels, ihrer Aktivitäten, der
  Sprache, ihrer Träume, ihrer Bewegung und ihres Malens/Zeichnens erklären und Kindern helfen können)

- Selbsterfahrung auf sich nehmen
  (erlebte Grenzen hinterfragen und in Beziehung zur eigenen Biographie setzen)

- sich im eigenen „Kind-Sein" entdecken
  (eigene Bedürfnisse erkennen und reflektieren)

- methodisches Wissen in die eigene Persönlichkeit integrieren
  (Methoden nicht um einer Methodik/eines Zieles wegen anwenden
  wollen)

- den Kindern Phantasie und Kreativität zugestehen
  (mit Kindern unterschiedliche Handlungsspielräume ausprobieren
  und gemachte Erfahrungen auswerten)

- das eigene Konfliktverhalten prüfen
  (Reflexion der Konfliktkompetenz)

- Vertrauen in die eigenen Kräfte und in Kinder setzen
  (Vertrauen statt Mißtrauen, mutig sein statt Sicherheiten verfestigen)

- Neugierde zum Ausdruck bringen
  (Fragen stellen statt vorschnelle Antworten finden)

- Spannungen wahrnehmen und für sich thematisieren
  (Uneindeutigkeiten erklären und lösen können)

- Anwalt/Anwältin von Kindern sein
  (eigene Bedürfnisse ehrlich mit denen der Kinder abwägen)

- Ansprüche für sich selber formulieren
  (Ziele zur eigenen Persönlichkeitsentwicklung setzen)

- kritische Auseinandersetzung mit pädagogischen Traditionen
  (Überprüfung der Aktualität und Sinnbedeutung tradierter Wiederholungen)

- Überprüfung bestehender Regeln
  (Sinn und Unsinn existenter Regelungen unter der Fragestellung,
  wem sie dienen, und für wen sie wirklich hilfreich sind)

- Ausbau eines demokratischen Umgangs miteinander
  (Besprechung und Festlegung von Regeln gemeinsam mit Kindern
  in Kinderkonferenzen)

- Erarbeitung und Auseinandersetzung mit neuen Erkenntnissen aus
  den Fachdisziplinen Psychologie und Pädagogik
  (Anspruch im Hinblick auf die stetige Verbesserung des eigenen
  Wissens)

- Auseinandersetzung mit vergangenen oder aktuellen bildungspolitischen Strömungen in der Kindertagesstättenpädagogik
  (Ablehnung bildungspolitischer Strömungen unter dem Aspekt einer Aktualität)

- Anspruch der Wahrnehmung von Realitäten
  (Vermutungen und eigene Phantasien identifizieren und zugunsten bestehender Realitäten aufgeben)

- Reflexion täglicher Arbeitsvollzüge
  (Verabschiedung von Routine und Verhaltensmustern)

- Stellung beziehen
  (sich in Diskussionen und Konflikten stellen)

- Eigene Standpunkte auf der Sachebene vertreten
  (sachliche Auseinandersetzungen führen und Resignationen keinen Platz einräumen)

- die tägliche Arbeit als einen kontinuierlichen Prozeß akzeptieren
  (Produktorientierungen vernachlässigen, um gemeinsam mit Kindern Lösungsversuche zu unternehmen)

- falsch getroffene Entscheidungen korrigieren
  (eigene Fehler vor Kindern und Erwachsenen eingestehen)

- trotz aller Prozeßorientierung eigene, reflektierte Ziele verfolgen
  (Arbeitsprozesse strukturieren)

- ein ausgeglichenes Verhältnis zwischen der Übernahme und der Abgrenzung von Verantwortung finden
  („so viel wie möglich, so wenig wie nötig")

- eigene Erfahrungen machen und auswerten
  (Verzicht auf Vorurteile bzw. Vorinformationen über Kinder)

- Standpunkte von Zeit zu Zeit überdenken und gegebenenfalls verändern
  (die Aktualität von Standpunkten beachten)

- Kritik an sich selber üben
  (statt an anderen Menschen oder deren Vorhaben/Arbeitsergebnissen)

- sich auf Grenzerfahrungen einlassen
  (Sicherheiten zugunsten neuer Erfahrungen aufgeben)

- Anforderungen an sich selber stellen
  (Aktivitäten entwickeln und nicht auf Impulse/Aufforderungen anderer warten)

- Zuverlässigkeit zeigen
  (Absprachen einhalten und verläßlich sein)

- an der Eigenmotivation arbeiten
  (sich selbst für die Arbeitsanforderungen motivieren)

- Sinnzusammenhänge erkennen
  (Entwicklung eines systemischen Denkens)

- sich von sogenannten „Alltagstheorien" befreien
  (Wahrnehmungsoffenheit den Kindern und der Arbeit entgegenbringen)

- Widersprüche zwischen eigenen Aussagen und gezeigtem Handeln identifizieren und lösen
  (Handlungsweisen und Sprachverhalten in eine Deckungsgleichheit bringen)

- Beschreibungen von Ereignissen vornehmen statt Bewertungen plazieren

- Konzentration und Aufmerksamkeit der Arbeit entgegenbringen
  (eigene Probleme lösen, um sich den beruflichen Anforderungen stellen zu können)

- Innovationsfreude zeigen
  (neuen Arbeitsimpulsen und Gedanken offen gegenüberstehen)

- sich mit gemeinsam getroffenen Zielen identifizieren
  (Übereinstimmung zwischen Zustimmung und eigenem Verhalten)

- Bedürfnisse und Wünsche offen aus-/ansprechen
  (Offenlegung eigener Gefühle und Intentionen)

- Aussagen mit Fakten belegen
  (aktive Unterstützung der Erweiterung einer breiten Fachlichkeit)

- an einem deutlichen Profil der Einrichtung mitarbeiten
  (Ausbau der eigenen Professionalität)

- Akzeptanz anderer Kulturwerte
  (Begreifen der unterschiedlichen kulturellen Werte in einer multikulturellen Gesellschaft)

- Kindern und Erwachsenen zuhören
  (Unterstützung einer person-bezogenen Umgangskultur in der gesamten Einrichtung)

- Fachauseinandersetzungen fordern und fördern
  (Zeiträume durch Fachauseinandersetzungen nutzen)

● Abhängigkeiten erkennen und sich lösen
(Verwirklichung der für Kinder gesetzten Ziele, wie z. B. Selbständigkeit und Autonomie, zunächst für sich selbst in Anspruch nehmen)

● auf Moralisierungen verzichten
(informieren statt überzeugen wollen)

● den eigenen Beruf nicht an erster Stelle zur persönlichen Selbstverwirklichung nutzen
(Kinder sind kein „therapeutisch-pädagogisches Mittel" für einen Wachstumsprozeß anderer)

● mit Kindern jeden Tag erleben
(alltägliche Herausforderungen mit Kindern annehmen)

Literaturhinweise „Person der Erzieherin":

Berry, C.R.: Die Erlöser-Falle. Lust und Frust der Helfer-Typen. Kösel-Verlag, München 1990
(Schwerpunkte: Erklärung des Begriffs ‚Erlöser-Falle';
Kindheit und unbewußte Fallenmuster;
Die acht Merkmale des Erlösers;
Auswirkungen der ‚Erlöser-Falle' auf die
Entwicklung anderer Menschen;
Möglichkeiten zur Veränderung eigener Muster.)
Krenz, A.: Kompetenz und Karriere. Für ein neues Selbstverständnis der Erzieherin. (Reihe: Konzeptbuch Kindergarten) Verlag Herder, Freiburg, 2. Aufl. 1995
(Schwerpunkte: Die gegenwärtige Berufssituation von ErzieherInnen;
Identitätsentwicklung und Professionalität;
Supervision im Kindergarten;
Fort- und Weiterbildungsmöglichkeiten;
Fachzeitschriften für Kindergarten und Hort.)
Misseldine, W.H.: In dir lebt das Kind, das du warst. Vorschläge zur Bewältigung des Alltags. Verlag Klett-Cotta, Stuttgart, 9. Aufl. 1990
(Schwerpunkte: Erkennen und Akzeptieren des inneren Kindes von früher;
übertriebene elterliche Haltungen und ihre Folgen auf die eigene Persönlichkeitsentwicklung;
Möglichkeiten der Veränderung, um aus der eigenen Verwicklung herauszufinden.)
Morgenroth, H.: Den roten Faden finden. Auswege aus dem Labyrinth unseres Lebens. Kösel-Verlag, München 1995
(Schwerpunkte: Die erste Verbindung als Prägungsinstanz;
Fäden der Vergangenheit und ihre Bedeutung für die eigene Lebensgestaltung;
Lebensentwürfe, die sich in Geschichten und Märchen spiegeln;
Der Weg in die Mitte der Erkenntnis;
Im Kraftfeld der Weisheit, um aus dem Lebenslabyrinth herauszufinden.)

Müller, E.H.: Ausgebrannt – Wege aus der Burnout-Krise. (Reihe: Herder Spektrum) Verlag Herder, Freiburg 2. Aufl., 1995
(Schwerpunkte: Kennenlernen von Burnout-Merkmalen;
Sehen und Verstehen von Burnout-Bedingungen;
Wege aus der Krise.)
Nuber, U.: Die Egoismus-Falle. Warum Selbstverwirklichung so oft einsam macht.
Kreuz Verlag, Zürich 1993
(Schwerpunkte: Der egoistische Narzißt;
Der Preis des Egoismus;
Hintergründe zur egoistischen Entwicklung;
Egoistische Helfer;
Frauen-Identität durch Bindung;
Individuation statt Egoismus.)
Schoenaker, Th./Seitzer, J./Wichtmann, G.: So macht mir mein Beruf wieder Spaß.
Ein Selbsthilfebuch für Erzieherinnen. Kösel-Verlag, München 1995
(Schwerpunkte: Ein Entwurf für mehr Lebensqualität;
Mehr Mut durch Wissen und Selbsterkenntnis;
Theorie über die Praxis der Er- und Entmutigung;
Verschiedene Formen der Er-/Entmutigung;
Erstrebenswerte und ermutigende Qualitäten;
Soziale Werte und soziale Gleichwertigkeit;
Bedeutung von Zielen und Visionen;
Hinweise zur Vertiefung persönlicher Veränderungswünsche.)
Singer, K.: Zivilcourage wagen. Wie man lernt, sich einzumischen. Piper-Verlag, München 1992
(Schwerpunkte: Die Entdeckung der Zivilcourage als eine bedeutsame demokratische Tugend;
Gehorsam und Folgsamkeit und ihre Folgen auf sich und andere Menschen;
Bearbeiten von Autoritätsängsten;
Mut als ein lernbarer Faktor und die Notwendigkeit, auch gegen den Strom zu schwimmen;
Der gewaltfreie Einspruch – ziviler Bürgermut;
Im Konflikt zwischen Selbstbild und Anpassung;
Für eine Ethik der Anteilnahme und Fürsorge;
Von Zivilcourage zu politischer Mitverantwortung.)

Zusammenarbeit der MitarbeiterInnen

Es gibt eine Reihe von treffsicheren Aussagen, die die hohe Bedeutung einer Teamarbeit auf den Punkt bringen. So heißt es z. B.:

> „Ein Team ohne Entwicklung
> lebt wie ein Fisch ohne Wasser."
> oder:

> „Ein Kindergarten ohne Teamarbeit
> ist wie ein trockener Garten in der Wüste."
>   oder:
> „Ein Kindergarten kann nur so gute Arbeit leisten,
> wie aus den MitarbeiterInnen ein Team geworden ist."

Teamarbeit begegnet uns in seiner Begrifflichkeit auf unterschiedlichen Ebenen: in Stellenausschreibungen wird ein „Interesse an der Teamarbeit vorausgesetzt", in Kindergärten finden regelmäßige „Teamsitzungen" statt und in fortschrittlichen Ausbildungsschulen wird das „Team-teaching" besonders hervorgehoben. Teamarbeit hat sich in seiner besonderen Wenigkeit als ein Maßstab dafür herausgebildet, ob ein „EinzelkämpferInnentum" überwunden und stattdessen eine gute Zusammenarbeit gefunden wurde.

Das Problem ist häufig dabei, daß das Wort „Team" genutzt, dennoch eher selten realisiert wird. Zu schnell und oberflächlich sind Menschen in den unterschiedlichen Arbeitsbereichen – so auch in der (Elementar-)Pädagogik – dabei, diesen Begriff zu nutzen, ohne die hohen Anforderungen und gestellten Ansprüche zu erfüllen.

Wo die Auseinandersetzung über Inhalte erforderlich ist, werden stattdessen Beziehungskämpfe ausgefochten – heimlich oder verdeckt.

Wo klare Arbeitsorganisationen zum Tragen kommen müssen, werden stattdessen Desorientierungen und Irritationen gezeigt.

Wo es eigentlich um die strukturierte Diskussion wesentlicher Aspekte der Elementarpädagogik geht, werden stattdessen Nebensächlichkeiten oder untergeordnete Aspekte behandelt und erörtert.

Wo es eigentlich um die Entwicklung von Perspektiven in der Arbeit/für die Einrichtung geht, werden stattdessen verlorene Sicherheiten gesucht und der Neugierde damit ihren Raum genommen.

Wo es um die Aufdeckung von zurückliegenden und noch immer wirksamen Restkonflikten geht, werden diese eher zugedeckt und mit dem Mantel der „Unberührbarkeit" abgesichert.

Wo es um die deutliche Übernahme von Eigenverantwortung und das Zeigen von Kompetenzen geht, werden stattdessen Verantwortlichkeiten delegiert und Zurückhaltungen gepflegt.

Wo es um das Herausfinden/Herausstellen eines eigenen Profils geht, werden stattdessen vorschnell eigene Positionen zurückgenommen.

Wo es um die Wertschätzung einer diskursiven Erörterung von Problemen geht, wird stattdessen eine Harmonie angestrebt, um nicht als einzelne(r) aufzufallen und Stellung beziehen zu müssen.

Wo Absprachen getroffen wurden und im Sinne der Einrichtung ihre Einhaltung von besonderem Wert ist, werden oftmals die Ergebnisse bestimmter Absprachen „vergessen" und in den Hintergrund gerückt.

Wo es um die schnelle Weitergabe von wichtigen Informationen an alle geht, werden stattdessen nur einzelne mit den Informationen versorgt, so daß ein unterschiedliches Informationsniveau existiert.

Wo es um die Erörterung völlig neuer Ideen und Projektvorhaben geht, werden stattdessen von einigen MitarbeiterInnen sofort Grenzen aufgezeigt, warum dieses oder jenes nicht möglich ist.

Die Reihe der offensichtlichen Widersprüche könnte an dieser Stelle endlos fortgesetzt werden, doch geht es hier weniger um ein Offenlegen von Diskrepanzen als vielmehr um eine Bestandsaufnahme der realen Zusammenarbeit. Gerade der leichtfertige und sorglose Umgang mit dem Begriff „Team" verdrängt die eigentlichen (!) Schwierigkeiten so mancher MitarbeiterInnengruppe, so daß (un)beabsichtigt der Eindruck entstehen muß, daß es „in diesem Team stimme". Nicht umsonst heißt es in entsprechenden Fachbüchern immer wieder, daß gerade eine gute Teamkultur dafür mitverantwortlich ist, ob

- eine Krankheitsrate unter den MitarbeiterInnen niedrig ist,
- die Fluktuation unter den Angestellten ein sehr geringes Ausmaß zeigt,
- die Eltern sich in der Einrichtung wohlfühlen und die geleistete Arbeit akzeptieren,
- innere Kündigungen und Aussteigtendenzen der MitarbeiterInnen kaum bis gar nicht festzustellen sind,
- Träger sich in einem nur geringen Maße in die Arbeit einblenden,
- die Arbeitsmotivation und -freude der MitarbeiterInnen stark ausgeprägt ist,
- die Konfliktkultur gepflegt und die Umgangskultur wertgeschätzt wird.

Bevor eine MitarbeiterInnengruppe tatsächlich zu einem Team heranwachsen kann, sind viele Vorarbeiten nötig:

- Antipathien einzelnen gegenüber sind zu thematisieren,
- vergangene Verletzungen in bestimmten Beziehungen müssen angesprochen werden,
- Unklarheiten gehören auf den Tisch und verlangen nach Klärungen,
- Zurückhaltungen in den Diskussionen müssen aufgegeben und in Aktivitäten aller gewandelt werden,
- MitarbeiterInnen müssen den Wunsch haben, grundsätzlich miteinander und nicht übereinander zu sprechen,

- Gruppen haben sich zu öffnen, so daß Cliquen keine Berechtigung für eine Existenz besitzen,
- autoritäres Denken muß in partizipatorischer Teilnahme münden,
- Neid oder Mißgunst verlieren ihre Bedeutung, weil gemeinsame Zielsetzungen im Vordergrund stehen und Vorurteile durch die Zusammenarbeit aufgelöst werden können.

Teamarbeit geschieht nie um ihrer selbst willen, sondern hat ihre direkten Auswirkungen auf die Qualität der Arbeit, auf den Umgang mit Eltern und vor allem auch auf die Gestaltung der Atmosphäre im täglichen Zusammensein mit Kindern. MitarbeiterInnen in der Elementarpädagogik sind für alle in der Entwicklungsbegleitung der Kinder beteiligten Personen Modell und damit Vorbild, so daß die deutlichen Verknüpfungen zwischen der Kommunikations(un)kultur der MitarbeiterInnen und der der Kinder/Eltern nicht übersehen werden dürfen! Natürlich ist keine MitarbeiterInnengruppe alleine durch ihr Zusammensein in der Lage, ein Team zu bilden. So gilt es, sogenannte „Stolpersteine" zu erkennen und gemeinsam – nicht in Zweiergesprächen (!) – auf Gesamtsitzungen zu klären, etwa in der Beantwortung folgender Fragen:

- Besteht unter allen eine Einigkeit über das Ziel der Arbeit?
- Stehen alle hinter diesem gemeinsamen Ziel, und arbeiten alle aktiv an dieser Zielerreichung?
- Sind die Werte bestimmter Aussagen/der Ziele klar?
- Findet eine sachorientierte Auseinandersetzung über bestimmte Fragen statt oder haben Beziehungskämpfe/Aus-/Abgrenzungen zwischen einzelnen MitarbeiterInnen einen zur Zeit höheren Stellenwert?
- Sind alle MitarbeiterInnen an einem persönlichen Wachsen und einer Zunahme der Fachkompetenz interessiert, und was unternehmen alle, diesen Wachstumsprozeß aktiv zu unterstützen?
- Werden Gedanken und Gefühle offen ausgesprochen, ohne Ängste vor „Nackenschlägen" haben zu müssen/zu vermuten?
- Trägt das Klima dazu bei, daß ein Zuhören und Aussprechenlassen Vorrang hat vor Unterbrechungen und Abwertungen?
- Ist das Eingestehen von Fehleinschätzungen und Fehlern grundsätzlich möglich, oder werden solche Äußerungen bewertet und zum späteren Nachteil der Person gegen sie genutzt?
- Werden Gestaltungsmöglichkeiten in der Einrichtung genutzt, oder treten Risikobereitschaft und Mut eher in den Hintergrund?
- Haben die MitarbeiterInnen den Schwung/Elan, eigene Ziele mit KollegInnen gemeinsam umzusetzen, oder stehen eher Trägheit und Desinteresse im Vordergrund, so daß Entwicklungen gebremst werden?

- Werden unterschiedliche Einschätzungen zu bestimmten Dingen fair und ausgewogen diskutiert oder mit unfairen Mitteln gegeneinander ausgetragen?

Es mag sicherlich auch mit daran liegen, daß bestimmte Bedingungen in einer MitarbeiterInnengruppe bzw. in der Elementarpädagogik überhaupt bzw. unter einer bestimmten Trägerschaft und ihren Repräsentanten teamförderliche/-hinderliche Merkmale aufweisen, doch dürfen diese nicht als vorschnelle Alibis genutzt werden, den gegebenen Zustand zu einer bestimmten Zeit zu manifestieren und sich selber dabei aus der Verantwortung zu ziehen. Dafür gibt es vielerlei Möglichkeiten, eingeschlagene Wege oder feste Strukturen zu verändern. Entscheidend ist der Wille und ein methodisches „Know-how", eingefahrene Straßen zu verlassen und neue Wege zu bauen. Dies ist im Interesse aller zu versuchen, zumal in der Elementarpädagogik die große Chance besteht, daß Kinder und Eltern Konsensfindungen wahrnehmen und im Sinne einer Imitation übernehmen können.

Von dem Augenblick an, an dem Stolpersteine in der Teamentwicklung verändert und aus dem Wege geräumt werden, beginnt eine intensive und kommunikationsorientierte Zusammenarbeit, so daß einer notwendigen und erfolgversprechenden Sachorientierung immer weniger im Wege steht. Das bedeutet nicht, daß nicht immer wieder neue Konflikte auftauchen können, nur besteht jetzt der Unterschied, daß z. B. bei deutlicher Beachtung einer Konfliktkultur diese Schwierigkeiten anders – nämlich konstruktiv – aufgenommen werden, so daß Klarstellungen als Befreiung von Vermutungen/Unterstellungen und Deutlichkeiten als Lösungen von Unsicherheiten verstanden werden können. Etwa wenn es darum geht, daß beispielsweise vorschnell der Satz fällt, daß es „um eine Akzeptanz aller MitarbeiterInnen im Team geht".

Akzeptanz kann selbstverständlich nur dort bestehen, wo jede(r) MitarbeiterIn sich handelnd – und damit sichtbar – bemüht, Ziele zu verfolgen, Werte zu reflektieren, Methoden zu hinterfragen, Begriffsdefinitionen mit sich und anderen zu klären sowie Neues zu probieren.

Brainstorming zum Schwerpunkt „Zusammenarbeit der MitarbeiterInnen":

- regelmäßige Arbeitssitzungen
  (wöchentlich/14tägig für eine festgelegte Zeitspanne)

- Struktur der Arbeitssitzungen
  (Tagesordnung festlegen, Protokollführung)

● Wechsel der Gesprächsleitung
(Delegation der Leitung/der Gesprächsmoderation)

● Rechtzeitige Bekanntgabe der Tagesordnungspunkte bei den Arbeitssitzungen
(Aushang der Tagesordnung mit der Möglichkeit zur Themenergänzung)

● vorbereitete Tagesordnungspunkte
(Übernahme der Verantwortung für bestimmte Tagesordnungspunkte durch die betreffenden Personen)

● regelmäßige Information aller MitarbeiterInnen
(Weitergabe von bedeutsamen Inhalten)

● Bildung von kleinen Arbeitsgruppen
(regelmäßige Treffen von MitarbeiterInnen zur Bearbeitung/Behandlung spezifischer Fragestellungen)

● Kenntnis über den besonderen institutionellen Auftrag
(Wissen zum Erziehungs-, Bildungs- und Betreuungsauftrag)

● Austausch über die Konsequenzen der gültigen Ländergesetze
(Wissen zu den Besonderheiten des betreffenden Kindertagesstättengesetzes und seiner Ausführungsbestimmungen)

● Erörterung struktureller Eingrenzungen
(Diskussion über vorhandene Zwänge und Erörterung von Möglichkeiten, diese zu verändern)

● Auseinandersetzung über unterschiedliche Wertmaßstäbe
(Austausch über personabhängige Werte und Normen)

● Uneindeutigkeiten und Kränkungen ansprechen
(Offenlegung verdeckter Schwierigkeiten)

● Orientierung der Diskussionen an Problemkernen
(Ablösung von Fixierungen auf Problemmantelpunkte)

● Offenlegung der unterschiedlichen Toleranzbreiten und -grenzen
(Kennenlernen der eigenen Entscheidungs- und Belastungsspielräume)

● Kooperation statt Konkurrenz
(Offenlegung von Machtkämpfen in der MitarbeiterInnengruppe)

● Klärung der Beziehungsqualitäten
(Offenlegung der Beziehungsmerkmale z. B. durch ein Soziogramm)

- Diskussionsbeteiligung aller MitarbeiterInnen
  (Offenlegung unterschiedlicher Aktivitäten einzelner und Besprechung der damit verbundenen Folgen)

- Übernahme von Selbstkritik
  (Selbstoffenbarung der einzelnen MitarbeiterInnen)

- Äußerung von Fremdkritik
  (Probleme auf den Punkt bringen)

- gemeinsame Suche nach Lösungsmöglichkeiten
  (Übernahme von Verantwortung durch alle MitarbeiterInnen)

- Thematisierung von Tabuthemen
  (Offenlegung „heimlicher Regeln")

- Thematisierung des Faktors „Macht"
  (Diskussion zur Nützlichkeit von Macht bzw. zur Destruktivität von Machtmißbräuchen)

- Problematisierung der Folgen von Neid, Mißgunst und Eifersucht
  (Kraftverschwendung im Hinblick auf die inhaltliche Arbeitskonzentration)

- Thematisierung der Folgen von Arbeitsverweigerung
  (Diskussion zu Verhaltensweisen, die dem „Kindheits-Ich" entsprechen)

- Thematisierung der Folgen von Untergruppen/Cliquenbildung
  (Unmöglichkeit des Aufbaus eines „Teams")

- Verzicht auf die Ausnutzung von Schwächen einzelner
  (Übernahme von Selbstverantwortung)

- Analyse der eigenen Umgangskultur
  (Bestandsaufnahme der Kommunikationsstrukturen)

- MitarbeiterInnen sind Vorbild und Modell für Kinder
  (Kenntnis über die atmosphärische Wirkung der Qualität einer guten Zusammenarbeit auf Kinder)

- Offenheit in der Kommunikation der MitarbeiterInnen untereinander
  (Bestandsaufnahme über Konsequenzen bei sogenannten „Regelverstößen")

- Verbindlichkeit von Absprachen
  (Zuverlässigkeit als Hauptbestandteil zur Glaubwürdigkeit

- Zutrauen statt Mißtrauen
  (mit den Stärken der MitarbeiterInnen, nicht an ihren Schwächen arbeiten)

- Einschätzung von Auseinandersetzungen als ein konstruktives Arbeitsmoment
  (Auseinandersetzungen bringen verbrauchte, abgelegte Kräfte zurück und befreien von Vermutungen und Unterstellungen)

- Konsensfindung statt Resignation
  (Verfolgung von Zielen bis zu brauchbaren Lösungswegen)

- eigenes Interesse an persönlicher Weiterbildung
  (Motivation zur kontinuierlichen Selbsterfahrung)

- eigenes Interesse an fachlicher Fortbildung
  (Motivation zur ständigen Erweiterung der Fachkompetenz

- Neugierde an der Arbeit der anderen MitarbeiterInnen
  (Offenheit für die Arbeitssituationen der anderen)

- Pflege der Beziehung untereinander
  (Interesse an einer deutlichen Gruppenentwicklung

- Mitverantwortung aller im Hinblick auf die Erreichung von Zielen
  (eigene Verantwortlichkeiten erörtern unter Berücksichtigung der Stärken und Schwächen einzelner MitarbeiterInnen)

- Nichtakzeptanz von Entschuldigungen und Ausreden
  (Identifizierung unehrlicher Äußerungen)

- Klärung der Rollen(in)akzeptanz der Leitungskraft
  (Leitung als ein durchaus hilfreiches und konstruktives Element in MitarbeiterInnengruppen sehen und begreifen)

- Klarheit in Auseinandersetzungen
  (Verzicht auf unklare Beiträge)

- Mut und Risikofähigkeit einbringen
  (Entlastung durch das Aussprechen von „Wahrheiten")

- Entscheidungsräume und -grenzen klären
  (Erörterung von Handlungsspielräumen und ihren Begrenzungen)

- Offenlegung von Verschleierungstaktiken
  (direktes Ansprechen von Gegebenheiten)

- Nichtakzeptanz egozentrischer Verhaltensweisen einzelner
  (Offenlegung destruktiver Egoismen)

- MitarbeiterInnengruppen als Reflexionsinstrument von Beziehungsstörungen und Schwachstellen der Arbeit
  (Offenlegung von destruktiven Beispielen, die die Arbeit/das Kommunikationsklima belasten)

- Ernstnehmen aller MitarbeiterInnen
  (Verzicht auf Ironie oder Sündenbock-/schafprägungen)

- Innovationsfreude zeigen
  (Aufgeschlossenheit im Hinblick auf neue Arbeitsimpulse)

- persönliche Freundschaften in MitarbeiterInnengruppen thematisieren
  (Diskussion der Problematik persönlicher Freundschaftsbeziehungen im Hinblick auf die Bildung von Untergruppen)

- Zuhören als Voraussetzung für eine inhaltliche Beurteilung des Gesagten
  (Ausredenlassen und Entscheidung für ein inhaltliches Abwägen der fremden und eigenen Gedanken)

- Unter-/Überforderungen ansprechen
  (Unterschiede der Kompetenzen herausstellen und Lösungswege bei Veränderungswünschen erörtern)

- Grenzen der Geduld aufzeigen und ansprechen
  (Niemand ist gezwungen, sich die Probleme anderer zu den eigenen machen zu lassen)

- Unbrauchbare Lösungsversuche verwerfen und hilfreiche Wege neu erarbeiten
  (Motivation statt Resignation)

- Persönliche Probleme außerhalb der MitarbeiterInnengruppe klären
  (Schwierigkeiten, die in der Person oder im privaten Bereich liegen, müssen durch die Person selbst gelöst werden)

- Aufgreifen von brauchbaren Ideen anderer
  (aktive Mitarbeit in der Weiterformulierung fremder Ideenansätze)

- Vermeidung von Kommunikationsabbrüchen
  (Stellungskämpfe in der MitarbeiterInnenschaft vergiften die Atmosphäre und belasten die Beziehung zu Kindern)

- Veränderung eines defensiven Verhaltens einzelner
  (Problematisierung des Zustandes im Hinblick auf die Konsequenz von Untergruppenbildungen)

123

● Kenntnis über Methoden zur „Teamentwicklung"
(Information über methodische Hilfen gerade aus dem Arbeitsfeld
der Organisationspsychologie)

● Vornahme deutlicher Zielformulierungen
(zielorientiertes Vorgehen bei Problemstellungen)

● Unterstützung eines kritischen Denkens
(Vernetzungen und Verknüpfungen bei den spezifischen Themen
bemerken und beachten)

● Fairneß auch in schwierigen Situationen zeigen
(„Schläge unter der Gürtellinie" grundsätzlich vermeiden)

● regelmäßige Bestandsaufnahme zur „Teamentwicklung"
(selbsterfahrungsorientierte Fortbildung der gesamten MitarbeiterInnengruppe)

● demokratisches Treffen von Entscheidungen
(Abstimmungen vornehmen nach ausführlichen Inhaltserörterungen)

● gemeinsame Besprechung neuer Aufgaben-/Funktionsverteilungen
(Beteiligung aller beim Abwägen neuer Delegationsanforderungen)

● Kriterien der Arbeitseffektivität festlegen und überprüfen
(Pädagogik faßbar und transparent für sich und andere machen)

Zusammenarbeit mit Eltern

Zunächst mag auffällig sein, daß in diesem Kapitel nicht von „Elternarbeit", sondern von „Zusammenarbeit mit Eltern" die Rede ist. Der
Begriff „Elternarbeit" entstammt einer langen Tradition innerhalb sozialer Einrichtungen, in der es oberstes Ziel gewesen ist, „an Eltern zu
arbeiten", sie in die Rolle der „falsch denkenden Menschen" zu bringen und sie dahingehend zu beeinflussen, daß Dinge und Geschehn-
nisse anders beurteilt werden müssen. Demgegenüber versucht die
Wortzusammenstellung „Zusammenarbeit mit Eltern" ein anderes
Bild und eine andere Vorstellung zu vermitteln. Kindergarten-/-tages-
stättenarbeit ist immer auf eine Zusammenarbeit angewiesen, so daß
es die Aufgabe der ErzieherInnen ist, sich gemeinsam mit Eltern
über die unterschiedlichen Fragestellungen auseinanderzusetzen und
Lösungen auf bedeutsame Fragen/Probleme zu finden.
Das bedeutet allerdings nicht, daß der Kindergarten sein eigenständiges Profil und seinen besonderen Erziehungs-, Bildungs- und Betreuungsauftrag durch Elternerwartungen verändert. Vielmehr liegt

es im Interesse kindorientierter Kindergärten, mit Eltern das Gespräch zu suchen, um notwendige Ziele transparent zu machen und gemeinsame Hilfen zu erarbeiten. So unterschiedlich Kinder in ihrer jeweiligen Persönlichkeit sind, so unterschiedlich sind auch die Erwartungen vieler Eltern an den Kindergarten. Die einen fordern eine strikte und gezielte Vorschularbeit mit ihren Kindern, die anderen lehnen diese Forderung ab und möchten vor allem, daß sich ihre Kinder im Kindergarten wohlfühlen. Die einen verlangen ein Mitentscheidungsrecht bei wichtigen Angelegenheiten, andere wiederum möchten ein Mitspracherecht, um eigene Ansichten zu verdeutlichen. Die einen Eltern messen die Qualität der Kindergartenarbeit an der Menge der „erarbeiteten Produkte", andere wiederum wissen um die eingeschränkte Aussagekraft solcher Ergebnisse und freuen sich mehr über die Entwicklung der Kinder im Hinblick auf ihre Selbständigkeit, ihre Erweiterung der Kreativität und die Zunahme ihrer Lebendigkeit. Die einen können sich beim Bringen oder Holen der Kinder kaum vom Kindergarten trennen, andere wiederum vermeiden es, den Kindergarten zu betreten. Immer drückt die Nähe bzw. Distanz der Eltern zum Kindergarten ihre Beziehung zur Institution „Kindergarten" bzw. zu den MitarbeiterInnen aus, und so ist es die Aufgabe der Einrichtung und der ErzieherInnen, zunächst ein Klima des Vertrauens und einer gewünschten Beziehung zu vermitteln, damit Eltern sich mit ihren Erwartungen, Hoffnungen und Befürchtungen verstanden und gut aufgehoben wissen.

Aus dieser Atmosphäre heraus beginnt nun die Zusammenarbeit im Sinne einer familienunterstützenden Aufgabe. Was heißt das genau? Familienunterstützung versteht sich als eine Aufgabe der MitarbeiterInnen, nicht nur die Kinder, sondern im Rahmen der Möglichkeiten auch die Eltern (= das System der Familie) bei der schwierigen Aufgabe der „Erziehung" zu begleiten. Um einen PKW zu fahren, bedarf es eines Führerscheins und einer Prüfung; um einem Kind das Leben zu schenken und es „zu erziehen", bedarf es in der Praxis lediglich eines „gesunden Menschenverstandes".

Doch viele Eltern sind demgegenüber durch die vielfältigen Verpflichtungen und Außenansprüche – durch die „Realitäten des Lebens" – in zunehmendem Maße bei der Entwicklungsbegleitung ihrer Kinder verunsichert und irritiert: Da werden eigene Erfahrungen zum Ausgangspunkt der ‚Kindererziehung' gemacht, Zukunftssorgen auf Kinder übertragen, persönliche oder berufliche Irritationen in das Leben der Kinder hineingetragen und entsprechende Verunsicherungen durch widersprüchliche Kenntnisse aus Unterhaltungen/Erziehungsratgebern/Hinweise von KinderärztInnen erlebt. Viele Eltern befinden sich daher ebenso wie ihre Kinder auf der Suche nach „objektiven Wahrheiten" und stellen daher berechtigterweise die typischen Fragen: „Ja, was mache ich aber, wenn ..." oder „Was würden Sie mir in meiner Situation denn raten?"

Der Kindergarten/die Kindertagesstätte darf sich bei allen Erwartungen durch die Eltern sicherlich nicht in eine Position hineindrängen lassen, ergänzende oder sogar ersetzende Aufgaben zu übernehmen, würde er/sie in diesem Fall schnell zu einer Einrichtung heranwachsen, die einerseits Elternaufgaben übernähme, andererseits auch die dafür notwendige Verantwortung auf sich zöge. Um dieser Überforderung und gesellschaftlich gefährlichen Entwicklung entgegenzutreten, muß es gelingen, Eltern in den Kindergarten/die Kindertagesstätte zu integrieren und ihnen das Gefühl des Willkommen-Seins zu vermitteln.

Drei Schwerpunkte sind dabei im Vordergrund zu sehen: Auf der einen Seite geht es um die Elternbildung, bei der die pädagogischen Fachkräfte auf der Grundlage ihrer Kompetenz die Aufgabe haben, Eltern umfassend zu informieren, so daß durch ein neues Wissen ein neues Verständnis in der Beurteilung bestimmter Sachverhalte entstehen kann. Dieses wiederum kann eine neue Haltung provozieren und zu einem neuen Verhalten führen. Sei es in diesem Zusammenhang das Thema „Märchen und ihre Bedeutung für Kinder", die „psychosexuelle Entwicklung von Kindern im Kindergartenalter", die Frage, „was Kinder für eine gesunde seelische Entwicklung brauchen" oder „warum das heutige Spielzeug von Kindern so geliebt wird".

Immer geht es um Informationen, mit denen Eltern sich aus einer neuen Perspektive heraus auseinandersetzen können. Worum es nicht gehen darf, ist der Wunsch, Eltern zu etwas zu überreden oder mit bestimmten Aussagen überzeugen zu wollen. Dadurch entstehen schnell beziehungsorientierte Machtauseinandersetzungen zwischen ErzieherInnen und Eltern, die eher dazu führen, daß Beziehungsstörungen auftreten und sich verfestigen können.

Auf der anderen Seite geht es um Elternberatung. Viele Eltern suchen nach Antworten auf schwierige Fragen, wobei eine beratende Funktion des Kindergartens/der Kindertagesstätte darin liegt, gemeinsam mit Eltern neue Orientierungspunkte zu entdecken, um Planungs- und Entscheidungshilfen zu erarbeiten. Es ist bedauerlich, daß viele Einrichtungen in der Sozialarbeit/Sozialpädagogik immer spezialisierter geworden sind, weil damit eine Zerrissenheit ganzheitlicher Sichtweisen verbunden ist. So können pädagogische Fachkräfte mit einer entsprechenden BeraterInnenausbildung durchaus die Aufgabe übernehmen, pädagogisch-therapeutische Arbeit mit Eltern zu leisten, um mit ihnen Möglichkeiten herauszufinden, Probleme mit anderen Handlungsstrategien zu meistern.

Zum dritten geht es um die vielfältigen Chancen der Elternmitarbeit, bei der die Eltern deutlich spüren können, wie wichtig und bedeutsam ihre Arbeitsbeiträge für den Kindergarten, die MitarbeiterInnen und vor allem die Kinder sind: Sei es bei der Planung/Herausgabe von Elternbriefen/Kindergartenzeitungen, sei es bei der Raum-/Außengeländegestaltung, der Vorbereitung/Durchführung von Elternabenden und Festen, der Vorbereitung und Hilfe bei Ausflügen oder Besuchs-/Aktionsfahrten, bei der Initiierung von Elterntreffen oder der Planung und Durchführung gemeinwesenorientierter Aktivitäten.

Beispiele aus der Praxis belegen immer wieder, daß sich Eltern zurückziehen oder eine weitere Zusammenarbeit ablehnen, wo ihnen mit Vorurteilen und Vorwürfen, Entgegenhaltungen und Unverständnis begegnet wird – wer würde von den MitarbeiterInnen auch schon selber in solchen Fällen einen Wunsch zur Mitarbeit verspüren? Ausgangspunkt vieler Auseinandersetzungen bildet die Erörterung der wichtigen Frage zur „Mitbestimmung bzw. Mitentscheidung" bei wesentlichen inhaltlichen Fragen. Aus elementarpädagogischer Sicht sollte bei allem Ernstnehmen der Eltern, der Akzeptanz ihrer Bedürfnisse und ihrem Engagement für bestimmte Wunschrealisierungen dennoch nicht der Fehler begangen werden, daß Eltern ein Entscheidungsrecht zugestanden wird.

Das mag sich in dieser Klarheit vielleicht unverständlich/verständnislos anhören und bedarf daher einer näheren Ausführung: ErzieherInnen sind Fachfrauen einer speziellen Pädagogik, die auf die Entwicklungsbegleitung von Kindern in einer bestimmten Altersspanne ausgerichtet ist. So wie ein Schreiner es gelernt hat, seinen Hobel bei bestimmten Holzarbeiten zu führen, wie es ein Automechaniker gelernt hat, bestimmte Arbeitsschritte bei der Reparatur eines PKW aufeinander abzustimmen, so muß es auch den elementarpädagogischen Fachkräften vorbehalten bleiben, daß sie die Schwerpunkte ihrer Arbeit auf der Grundlage fachorientierter Reflexionen und qualifizierter Fort-/Weiterbildung festlegen. Zwar besteht dabei immer die Aufforderung, Elternwünsche zu berücksichtigen und ihre Bedeutung für die Pädagogik abzuwägen, doch müssen ErzieherInnen immer das Recht behalten können, ihre Entscheidungen fachabgesichert in den Kindergartenalltag einzuflechten. Dem Autor des Buches ist kein weiterer Berufszweig bekannt, wo so massive Außenerwartungen in ein eigenständiges Arbeitsfeld hineingetragen werden, und daher ist es auch nicht verwunderlich, wenn manche ErzieherInnen sich deutlich abgrenzen.

Unzufriedenheiten können durch Transparenz verringert werden und genau hierin besteht die Aufgabe des Kindergartens: Arbeitsvorhaben immer wieder zu verdeutlichen und durch aktive Öffentlichkeitsarbeit nach außen zu tragen.

Zum Schluß mag noch ein Punkt angesprochen werden: In vielen Kindergärten entstehen dadurch Irritationen zwischen Eltern und ErzieherInnen, weil (bzw. wenn) das Verhältnis untereinander im Hinblick auf „Nähe und Distanz" ungeklärt ist (bzw. bleibt). Hier empfiehlt es sich, den Grad der Nähe beziehungsweise die Notwendigkeit einer Distanz zunächst in der MitarbeiterInnengruppe offen und klar anzusprechen, um dann auch diese Entscheidung (mit Begründungen) Eltern zu erörtern.

Brainstorming zum Schwerpunkt „Zusammenarbeit mit Eltern":

- Bedeutung der Zusammenarbeit mit Eltern
  (Voraussetzung für eine kindorientierte Arbeit)

- familien-/elternunterstützende Funktion der Kindertagesstätte
  (mit Eltern das Gespräch suchen/im Gespräch bleiben)

- Problematisierung des Begriffes „familienergänzende Funktion"
  (Abgrenzung von einer nicht zu leistenden Verantwortung)

- Abgrenzung zur Erwartung einer „familienersetzenden Instanz"
  (Ablehnung einer wie auch immer gearteten Ersatzfunktion)

- Transparenz der Arbeit und ihrer Schwerpunkte
  (Herstellung einer Durchschaubarkeit der Arbeit, was Inhalte, Ziele und ein methodisches Vorgehen betrifft)

- Klarheit im Umgang mit Eltern
  (Direktheit des Ansprechens von notwendigen Themen)

- Konflikte austragen und klären
  (Unstimmigkeiten identifizieren und Lösungsansätze suchen)

- agieren statt reagieren
  (Themen, Konflikte, Spannungen und Ereignisse als erste ansprechen, um nicht in die Position des Rechtfertigens kommen zu müssen)

- Möglichkeiten der Elternmitarbeit klären
  (Elternhilfe bei bestimmten Projekten und Vorhaben)

- die Bedeutung der Elternbildung hervorheben
  (regelmäßige Information der Eltern)

- Elternabende durchführen
  (Gruppen- und Gesamtelternabende anbieten in möglichst regelmäßigen Zeitabständen)

- mit Eltern nach Lösungen bei bedeutsamen Fragen suchen
  (Verzicht auf Macht- und Direktionsgespräche)

- Kompetenzen klären
  (unterschiedliche Erwartungen und Handlungsmöglichkeiten offenlegen und Entscheidungen treffen)

- sich auf die Verständnisebenen der unterschiedlichen Eltern begeben und einlassen
  (mit Eltern statt an Eltern vorbei sprechen)

- Nähe und Distanz zu Eltern klären
  (die Problematik der Freundschaften mit Eltern auf dem Hintergrund einer entstehenden Rollenkonfusion erörtern)

- Besuche von Kindern und ihrer Eltern/Familien
  (Betonung der Bedeutsamkeit von Hausbesuchen)

- Eltern in ihrer Erziehungsfunktion stützen
  (fachliche Begleitung von Eltern/Familien in Fragen, die das Kind betreffen)

- Gestaltung der Kindergartenzeitschrift mit Eltern
  (Eltern bilden dabei den Redaktionsrat)

- Durchführung von Elternseminaren
  (Vertiefung bestimmter Inhaltsfragen mit Eltern an Wochenenden/ Wochenendtagen/in eine Abendveranstaltungsreihe)

- Durchführung von Eltern-/Kindfreizeiten
  (gemeinsame Planung und Gestaltung von Ausflügen)

- Tür- und Angelgespräche in ihrer Bedeutung sehen
  (sich ergebende Kurzgespräche zur Vertiefung der Kontakte nutzen und pflegen)

- auf die Einhaltung von Bring- und Abholzeiten achten
  (Verdeutlichung der Gültigkeit von Zeitabsprachen)

- Freiräume neuer Gestaltungsmöglichkeiten mit Eltern entdecken
  (Schaffung einer Atmosphäre des Vertrauens als „Türöffner" eines gegenseitigen Erfahrungsaustausches)

- den Eltern Hinweise auf Institutionen geben, die bei besonderen Fragestellungen weiterhelfen können
  (Kontaktaufnahme/-pflege der MitarbeiterInnen zu sozialen Institutionen wie Erziehungs- und Eheberatungsstellen, Schuldner- oder Suchtberatungsstellen, psychologischen Diensten, ganzheitlich arbeitenden LogopädInnen oder MotopädInnen, ...)

- Feste und Feiern mit Eltern planen und gestalten
  (Beteiligung der Eltern und Aufgreifen besonderer Wünsche)

- Hospitationen in den Kindergruppen ermöglichen
  (Eltern auf die Möglichkeit einer zeitbegrenzten Anwesenheit in der Kindergruppe hinweisen und Termine abstimmen)

- Initiierung von Elterngesprächskreisen/Hobbytreffs
  (Information der MitarbeiterInnen über Interessenschwerpunkte und Steckenpferde der Eltern)

- unterschiedliche Erziehungswerte und -normen thematisieren
  (sich auf ein Lernen voneinander einlassen)

- Akzeptanz der Elternvorstellung, in der Zeit des Kindergartenbesuchs ihrer Kinder selber entlastet zu sein
  (Bejahung des Elternwunsches, die kinderfreie Zeit für eigene Wünsche und Bedürfnisse zu nutzen)

- Verantwortung einzelner MitarbeiterInnen für die Elternbücherei
  (Ergänzung des Buchbestandes und Aktualisierung der Themenschwerpunkte)

- Hinweise zum Ausleihen von Elternzeitschriften
  (Bereitstellung von Fachzeitschriften für Eltern)

- prozeßorientierte Gestaltung der Zusammenarbeit mit Eltern
  (Richtziele in Feinziele zerlegen und Teilschritte einleiten)

- Eltern haben ein Recht darauf, sich ebenso wie Kinder als Gäste der Kindertagesstätte wohlzufühlen
  (Würdigung des Interesses der Eltern, mit den MitarbeiterInnen Kontakt aufzunehmen und sich in einen Lernprozeß zu begeben)

- Probleme der Kinder als ein Problem der gesamten Familie begreifen
  (systemisches Denken entwickeln und eine ganzheitliche Sichtweise bei der Erörterung von Schwierigkeiten berücksichtigen)

- Reflexion von Lösungsversuchen durch kontinuierliche Treffen mit Eltern

(Bestandsaufnahmen vornehmen und neue Schritte zur Umsetzung von Zielen beobachten und begleiten)

- Initiierung eines Elterndienstes bei Krankheiten der Eltern der Kinder
  (Erkundung des Interesses von Eltern, ob bei Krankheiten gegenseitige Hilfen und Unterstützung durch andere Eltern möglich und erwünscht sind)

- Information der Eltern über die Funktion des Elternbeirates der Elternversammlung
  (Verdeutlichung der Aufgaben anhand praktischer Beispiele)

- Eltern in die symbolische Bedeutung der kindlichen Ausdrucksformen einführen
  (Vermittlung fachlicher Kompetenz auf der Grundlage abgesicherter Aussagen aus Entwicklungspsychologie und -pädagogik)

- Schweigepflicht einhalten
  (Eltern auf die Schweigepflicht aller MitarbeiterInnen hinweisen, so daß sich Eltern ohne Ängste mitteilen können)

- Eltern auf die Bedeutung der Mitarbeit von Vätern hinweisen
  (Väter und Mütter sind gleichfalls an der Entwicklung ihres Kindes beteiligt und auch als solche zur Mitarbeit in der Kindertagesstätte eingeladen)

- bei entsprechender Kompetenz der MitarbeiterInnen können Elternberatungen in Zusammenarbeit mit anderen Fachleuten angeboten und durchgeführt werden
  (Durchführung von Beratungsangeboten unter dem Aspekt einer interdisziplinären Kooperation mit externen Fachfrauen/-männern)

Literaturhinweise „Zusammenarbeit mit Eltern":

Becker-Textor, I.: Der Dialog mit Eltern. (Reihe: Die Kindertagesstätte: Grundlagen – Inhalte – Methoden), Don Bosco Verlag, München 1992
(Schwerpunkte: Eltern-Kindergartenkinder-Erzieher-Kindergarten;
Kindergarten und Elternhaus arbeiten zusammen;
Elternarbeit ist Öffentlichkeitsarbeit;
Der alte Elternabend ist tot – neue Formen der Elternarbeit;
Experimente;
Beispiele für Elternbriefe.)
Bort-Gsella, W.: Lebendige Elternarbeit. Ökotopia-Verlag, Münster 1994
(Schwerpunkte: Eltern gewinnen – spezielle Formen der Öffentlichkeitsarbeit;
Medien in der Öffentlichkeitsarbeit;

131

Mit Eltern sprechen;
Bildungsarbeit in der Familie;
Bildungsarbeit mit Eltern – Modelle und Methoden Ratschläge und Tips.)
Entdeckungskiste-Fachliteratur für Vorschul-Pädagogik Hrsg.: Kindergarten-Fachverlag, St. Ingbert. Heft Jan./Febr. 94
(Schwerpunkt: Elternarbeit – eine Herausforderung für ErzieherInnen.
Themen:
Elternabend – aber wie?
Tips zur Durchführung eines Elternabends;
Elterngespräche sind nicht einfach;
Eltern lernen kennen, was ihre Eltern tun;
Eltern und ErzieherInnen – eine Beziehungskiste;
Gemeinsame Spielaktionen für Kinder und Erwachsene;
Das große Spielefest;
Eltern(mit)hilfe – ganz praktisch;
Eltern-Kind-Nachmittage;
Was haben Kindergeburtstage mit Elternarbeit zu tun?
Ein Elternabend „Geschlechtsspezifische Erziehung";
Leben und Arbeiten mit den Familien;
Planung eines Elternabends.)
Textor, M.R.: Elternarbeit mit neuen Akzenten. Reflexion und Praxis. (Reihe: praxisbuch kindergarten), Verlag Herder, Freiburg 1994
(Schwerpunkte: Zur Notwendigkeit einer intensiven Elternarbeit;
Kritische Reflexion der herkömmlichen Elternarbeit;
Erwartungen an die Elternarbeit;
Ziele und Aufgaben der Elternarbeit;
Erstkontakt mit Eltern;
Elterngruppen;
Einbindung von Eltern in den Kindergartenalltag;
Elternberatung;
Probleme in der Zusammenarbeit;
Organisation von Elternarbeit im Rahmen der Dienstzeit;
...)

Zusammenarbeit mit dem Träger

Die Zusammenarbeit mit dem Träger stellt ein deutliches Fundament in der Entwicklungsmöglichkeit einer Einrichtung dar. Einerseits ist es für Kindergärten und ihre MitarbeiterInnen notwendig zu wissen und zu erfahren, daß der Träger hinter der Einrichtung und den angestellten Fachkräften steht, andererseits ist es auch für den Träger bedeutsam zu erleben, daß die MitarbeiterInnen hinter der Trägerschaft der Einrichtung stehen. Beidseitiges Vertrauen schafft ein Klima der Verständigung und der Akzeptanz zueinander.

Praxisberichte vieler ErzieherInnen machen dabei vor allem einen Umstand deutlich: Entweder es fällt die Aussage, daß sich Trägervertreter in viele Entscheidungen und Arbeitsprozesse des Kindergartens „einmischen" und an allen Vorhaben eine Mitsprache wünschen, andererseits gibt es Träger, die sich kaum um die Einrichtung kümmern und nur dann ihre Existenz ins Spiel bringen, wenn etwas nicht klappt oder Ärgernisse in der Öffentlichkeit zur Diskussion stehen. Beides ist bei einem Anspruch im Hinblick auf eine Zusammenarbeit wenig förderlich!

Eine Befragung unter Trägern zur Erwartung an Kindergärten fielen folgende Aussagen:

- der Kindergarten soll bei kirchlichen Trägern ein deutliches religionspädagogisches Profil zeigen;
- der Kindergarten soll möglichst den Bedürfnissen der Eltern und der Öffentlichkeit entsprechen, um in der Gemeinde/der Stadt zur Zufriedenheit aller beizutragen;
- der Kindergarten soll mit dem bestehenden Haushaltsetat – in Kenntnis notwendiger Kürzungen bei einzelnen Haushaltstiteln sparsam umgehen und akzeptieren, daß Etaterweiterungen nicht möglich sind;
- bei Unstimmigkeiten ist die Öffentlichkeit zu meiden, um nicht den Träger/den Kindergarten in Diskredit zu bringen;
- der Freiraum zur einrichtungsinternen Arbeitsgestaltung kann solange selbständig und in den bestehenden Grenzen mit eigenen Impulsen genutzt werden, solange die Öffentlichkeit mit der geleisteten Arbeit zufrieden ist.

Aus dem Sichtfeld eines Trägers sind diese Erwartungen sicherlich verständlich und berechtigt, hat er doch ein berechtigtes Interesse daran, daß eine Einrichtung zum Wohle der Öffentlichkeit ihre Arbeit gestaltet. Dennoch wird es immer wieder dann zu Auseinandersetzungen kommen, wenn Trägerinteressen mit denen der pädagogischen Fachkräfte kollidieren. Das kann zum Beispiel bei einer Beantragung zur Aufstockung bestimmter Haushaltstitel für den Kindergarten geschehen, bei der Entscheidung zur Lösung/Aufhebung von Arbeitsverhältnissen, bei der Einstellung und dem Einstellungsverfahren von neuen MitarbeiterInnen, bei Anträgen zur höheren Eingruppierung bei Gehaltsfragen, bei der Durchsetzung und Festlegung bestimmter elementarpädagogischer Arbeitsansätze oder bei der Realisierung kindergartenspezifischer Arbeitsprojekte.

So berechtigt oder unberechtigt manche Trägererwartungen an die MitarbeiterInnen sind, so notwendig ist es für alle pädagogischen Fachkräfte, den Träger möglichst häufig und intensiv (quantitative und qualitative Ebene) am Arbeitsgeschehen teilhaben zu lassen. Nur ein Träger, der regelmäßig über bedeutsame Aspekte der Kindergartenpädagogik und des Kindergartens selbst informiert wird, kann sich ein Bild über die geleistete Arbeit verschaffen bzw. an Perspektivplanungen mit Hintergrundwissen teilhaben. Insofern ist es nicht zu verstehen, wenn MitarbeiterInnen des Kindergartens in manchen Fällen sich zufrieden äußern, „daß der Träger sich in gar nichts einmischt und daher schlafende Hunde auch nicht geweckt werden sollten". Solch eine Einstellung macht den Wunsch eines „Nebeneinanderlebens" offenkundig und wird spätestens dann zu einem Problem, wenn es darum geht, nicht zu verschiebende Lösungen für Probleme mit dem Träger zu diskutieren.

Insofern haben die MitarbeiterInnen eines Kindergartens die Aufgabe, ihren Träger kontinuierlich über bedeutsame Ereignisse, Vorhaben und Geschehnisse zu informieren, wobei der Träger sich dazu verpflichtet fühlen sollte, diese auch wahr- und ernstzunehmen. Gleichzeitig hat der Träger die Aufgabe, sein Interesse am Kindergarten und den MitarbeiterInnen zu zeigen, um immer wieder aufs neue zu verstehen, was die pädagogischen Fachkräfte zur Zeit beschäftigt und wie gemeinsam eine Problemlösung aussehen könnte. Vieles, was MitarbeiterInnen fordern, wird sich dabei nicht in erster Linie um die Verbesserung eigener Bedingungsmerkmale handeln, sondern vielmehr um eine Qualitätssicherung/-steigerung der Pädagogik, so daß sich Forderungen und Erwartungen auf einer inhaltlichen Ebene bewegen im Interesse von Kindern. Schnelle Entscheidungen und nachvollziehbare Wünsche können vor allem dann „auf dem kleinen Dienstweg" geregelt werden, wenn der Kontaktpflege zwischen den Trägervertretern und den MitarbeiterInnen ein entsprechender Stellenwert eingeräumt wurde. Viele Vorurteile und Alltagsvermutungen erweisen sich als ebenso hinderlich wie destruktiv, etwa wenn von beiden Seiten die weitverbreitete Vorstellung ausgeprägt ist, daß „ArbeitnehmerInnen grundsätzlich ausgebeutet" und „Arbeitgeber grundsätzlich kein Interesse am Wohlbefinden ihrer Angestellten haben und Ausbeuter sind". Solche Schlagwortsätze schaden einer notwendigen Kommunikationskultur immer mehr, als daß sie hilfreich sind. Wenn Kindergärten in der Kommunikationspflege mit ihrem Träger z. B. Wert darauf legen, ihnen regelmäßig ein Exemplar der Kindergartenzeitschrift zukommen lassen, sie zu Festen einladen oder ihnen anbieten, periodisch an Mitarbeiterbesprechungen teilzunehmen, ihnen wesentliche Fachartikel in Kopie weiterreichen und bei (in)formellen Treffen aktuelle Berichte zur Situation des Kindergartens wiedergeben, dann weiß ein Träger um das Bemühen der Fachkräfte, ihn in das Geschehen der Elementarpädagogik einbinden zu wollen. Selbstverständlich können dabei diskursive (= entgegengesetzte) Meinungen zum Ausdruck gebracht und diskutiert werden, wobei sich beide Seiten durchaus darum bemühen sollten, den inhaltlichen Wert einer Sachauseinandersetzung zu schätzen. MitarbeiterInnen wiederum sollten nicht zu schnell einer Entscheidung, hinter der sie nicht stehen können, halbherzig zustimmen, weil dadurch neue Konflikte und Rückzugstendenzen (!) fast vorprogrammiert sind.

Was nötiger denn je zu sein scheint – in Ableitung von ungezählten Praxisproblemen vergangener und gegenwärtiger Zeiten –, ist die Forderung, daß klare Zielsetzungen diskutiert, unterschiedliche Sichtweisen offensiv erörtert und Zuständigkeiten deutlich zugeordnet werden müssen, damit sich sowohl die MitarbeiterInnen als auch der Träger strukturiert orientieren können. Eine Konzeption hilft dabei, Tätigkeitsmerkmale und Zuständigkeiten offenzulegen, um sorgsam zu prüfen, inwieweit diese hilfreich oder hinderlich zur Entwicklung einer zeitgemäßen Elementarpädagogik sind.

Brainstorming zum Schwerpunkt „Zusammenarbeit mit dem Träger":

- Kontaktpflege
  (regelmäßige Information zu besonderen Aktivitäten und Vorhaben der Kindertagesstätte)

- Klärung von Erwartungen
  (Offenlegung unterschiedlicher bzw. gemeinsamer Wünsche im Hinblick auf eine ständige Qualitätsverbesserung der Arbeit)

- Fragen der Zusammenarbeit, Mitsprache, Mitentscheidungen klären
  (z. B. bei Einstellungen neuer MitarbeiterInnen,
  bei Umbau-/Ausbaumaßnahmen in der Einrichtung,
  bei der Einstellung/Beurteilung von PraktikanntInnen,
  bei Stundenregelungen – Über-/Mehrstunden –
  bei besonderen Aktionen und Vorhaben …)

- Konflikte möglichst schnell ansprechen
  (Kontaktaufnahme bei besonderen Schwierigkeiten)

- regelmäßige Zusendung der Kindergartenzeitschrift

- Aussprechen einer Einladung bei Festen und Feiern

- Zusendung des Protokolls der MitarbeiterInnensitzungen

- Information des Trägers über bedeutsame berufspolitische oder pädagogische Neuerungen in der Elementarpädagogik

- Beteiligtsein bei Haushaltsberatungen

- Verantwortlichkeiten zwischen Leitung und dem Träger deutlich klären

- Informationen einholen zur Klärung offener Fragen

- Abgrenzungen zwischen MitarbeiterInnen und dem Träger dort vornehmen, wo es nötig erscheint

- Inhaltsfragen auf der inhaltlichen Ebene, nicht auf der Beziehungsebene austragen

- Restkonflikte thematisieren, um gebundene Kräfte durch Klärungen freisetzen zu können

- Möglichkeiten/Notwendigkeiten eines „Social-Sponsoring" mit dem Träger erörtern

- berufliche Konflikte mit dem Träger und Vertretern der ArbeitnehmerInnen klären

- das eigenständige Profil einer Kindertagesstätte herausstellen und sogenannte „faule Kompromisse" in Verantwortung vor den Kindern und einer Arbeitsqualität abwehren

Zusammenarbeit mit Fachdiensten und Institutionen

Der eigenständige Erziehungs-, Bildungs- und Betreuungsauftrag – ausgerichtet zum Wohl der Kinder und zur ganzheitlichen Unterstützung Ihrer Entwicklung – ist sicherlich nur dann einzulösen, wenn alle beteiligten Einrichtungen „an einem Strang ziehen". Nicht selten sind neben den Kindertagesstätten bei besonderen Frage- und Aufgabenstellungen hinsichtlich bestimmter Kinder mehrere Institutionen bzw. Fachdienste darum bemüht, Kindern und ihren Eltern zu helfen. So können z. B. das Jugendamt, die Erziehungs- und Lebensberatungsstelle, eine Logopädin, eine Motopädin, KinderärztInnen oder Fachkräfte der Frühförderung an der gezielten Entwicklungsunterstützung eines Kindes mitarbeiten.

Ein weitverbreitetes Merkmal unter den Fachdiensten ist darin zu entdecken, daß immer noch „Berührungsängste" untereinander bestehen. Sei es aus einer Sorge heraus, in den eigenen Kompetenzen begrenzt zu werden, sei es aus der Angst heraus, eigene Zuständigkeiten aufgeben zu müssen oder vielleicht die eigene Arbeit zu begründen; sei es aus der Erfahrung heraus, daß eine bestimmte Zusammenarbeit in der Vergangenheit nicht klappte oder sei es aus der Abneigung bestimmten Personen gegenüber. Immer scheinen es persönliche (= intrapersonale) oder beziehungsorientierte (= interpersonale) Schwierigkeiten zu sein, die eine enge und engagierte Kooperation erschweren bzw. unmöglich erscheinen lassen.

Unabhängig davon müssen sich alle Fachkräfte einmal deutlich vor Augen führen, daß fehlende oder eingeschränkte Kooperationsformen immer den Kindern schaden, weil keine Absprachen getroffen und damit auch keine gemeinsame Zielsetzung verfolgt werden kann. In diesen Fällen haben Kinder und Eltern das Problem „auszutragen", wobei genau sie es sind, die einer gezielten Hilfe bedürfen. So mag man sich einmal vorstellen, daß z. B. bei der Diagnose „Wahrnehmungsstörung" ärztlicherseits eine medikamentöse Behandlung begonnen wird, die Kindertagesstätte das soziale Umfeld des Kindes in den Vordergrund setzt und im Sinne eines gemeinwesenorientierten Ansatzes Veränderungen im Umfeld unterstützt, die Beratungsstelle einerseits mit dem Kind eine „Spieltherapie „und mit den Eltern eine Ehetherapie durchführt sowie die Frühförderstelle gezielte Funktionsübungen mit dem Kind gestaltet. Möglicherweise bemüht sich das Jugendamt darum, die Ursache in einer besonderen „familiären Deprivation" zu erkennen und für eine Pflegschaft zu plädieren. Wenn jede Einrichtung bzw. jeder Fachdienst seine/ihre eigene „Diagnose" stellt und vom Wert des eigenen Standpunktes überzeugt ist, kann der Anspruch auf eine „ganzheitliche Zielorientierung" nicht gestellt und erreicht werden. So geraten Kinder und ihre Eltern „zwischen die Zahnräder unterschiedlicher, sogar sich widersprechender Kreise" und kommen in erneute Irritationen.

Die Frage, woran es liegt, daß immer noch Abgrenzungen vorgenommen und deutliche Vernetzungen abgelehnt werden, ist zwar schon kurz angesprochen, aber noch nicht ausreichend beantwortet worden. So kann es sein, daß

- unterschiedliche Fragestellungen aus unterschiedlicher Sicht beurteilt werden mit dem Anspruch, daß nur die eigene Einschätzung „richtig" sein kann;
- bestimmte Fragestellungen von bestimmten Fachdiensten im „Alleingang" gelöst werden sollen, weil die Meinung vertreten wird,

daß Kinder und ihre Eltern mit genau dieser Frage-/Problemstellung am besten aufgehoben sind;

● immer noch ungenügende Kenntnisse über andere Fachdienste/Institutionen bestehen und aufgrund einer Unkenntnis heraus bestimmten Einrichtungen erwartete Kompetenzen abgesprochen/nicht zugetraut werden;

● bestimmte Tätigkeiten aus dem Grunde nicht delegiert werden, weil damit auch eine Art von „Prestigeverlust" verbunden wäre;

● durch eine Zusammenarbeit bereits eingeschlagene Wege überdacht und korrigiert werden müßten und dadurch bestimmte Empfindungen von „Inkompetenzen" erlebt werden könnten;

● aus reinen Kostengründen (und damit verbundenen Einnahmen) anstehende Einnahmeverluste abgewehrt würden;

● durch intensive Kooperationsmodelle unterschiedliche Träger die Sorge haben, das eigene Profil aufzugeben.

Gerade der Kindergarten kann durch die Zusammenarbeit mit Fachdiensten und anderen Institutionen die große Chance nutzen, nicht nur im Interesse von Kindern und ihren Eltern aktiv zu werden, sondern auch sein eigenes Profil deutlich herauszustellen als eine elementarpädagogische Institution, die familienunterstützende Aufgaben zu erfüllen hat, in der Fachkräfte mit einem qualifizierten Wissen aus dem Bereich der Entwicklungspsychologie und -pädagogik tätig sind und die unter Nutzung ihrer unterschiedlichen Kompetenzen durchaus in der Lage sind, ihre Arbeit, ihre Vorhaben und Ziele, ihre Aufgaben und Schwerpunkte transparent zu machen.

Gleichzeitig – und das scheint besonders wichtig zu sein – sind auch die anderen Institutionen und Fachdienste aufgefordert, ihre Vorhaben und Projekte, Maßnahmen und einzelnen Arbeitsschritte zu verdeutlichen und zu begründen. Es kann nicht angehen, daß in der pädagogischen Landschaft in der Regel nur die Kindertagesstätten diejenigen Einrichtungen sind, die sich mit besonderen Außenerwartungen auseinandersetzen müssen, weil

● die Schule erwartet, daß Kinder gezielt in ihrer anstehenden Schulfähigkeit „zu fördern" sind,

● die Kinderärzte entweder vom Kindergarten „gar nichts erwarten", oder eine Akzeptanz ihrer Verordnungen an Eltern fortgesetzt sehen möchten,

● LogopädInnen, ErgotherapeutInnen oder MotopädInnen ihre Arbeitspläne in dem Kindergartenalltag integriert haben wollen,

- das Jugendamt erwartet, daß von ihnen eingeleitete Schritte auch im Kindergarten umgesetzt werden.

Stattdessen kann der Kindergarten als eine eigenständige Facheinrichtung durchaus erwarten, daß

- gerade die Grundschulen die Elementarpädagogik als eine autonome Fachdisziplin akzeptieren, der Kindergarten bei Einschulungsfragen gehört und seine Berichte beachtet werden,
- die Grundschule den Übergang vom Kindergarten deutlich mitunterstützt und vor allem in den ersten beiden Schuljahren ein „spielendes Lernen/entdeckendes Lernen" integriert,
- Kinderärzte die Zusammenarbeit mit den Kindergärten suchen und ihre Fachaussagen in der Behandlung der Kinder/in den Gesprächen mit Eltern deutlich berücksichtigen und
- externe (= von außen kommende) Fachdienste ihre Arbeitsweise mit dem besonderen Arbeitsansatz des Kindergartens verbinden sowie
- Jugendämter in regelmäßigen Treffen ihr Interesse an der Kindergartenpädagogik und an einer Zusammenarbeit verdeutlichen.

Durch die Transparenz der unterschiedlichen Arbeitsweisen können Widersprüche aufgedeckt und Kommunikationsschwierigkeiten geklärt werden, so daß eine in vielen Städten und Gemeinden vorhandene Hierarchisierung im Sinne einer Gleichwertigkeit hergestellt wird. Sollten Kindergärten durch ihren fachlichen Austausch die Erfahrung machen, daß eine Zusammenarbeit durch fachliche Widersprüche (!) belastet wird/ist, helfen erneute Aussprachen dabei, die weitere Zusammenarbeit zu klären und Konsequenzen zu ziehen.

Brainstorming zum Schwerpunkt „Zusammenarbeit mit Fachdiensten und Institutionen":

- Herstellung einer Vernetzung zwischen Einrichtungen mit unterschiedlichen Aufgabenschwerpunkten
  (Anspruch der Veränderung teilisolierter Aufgabenerfüllung)

- gegenseitige Information über Aufgabenschwerpunkte

- Kennenlernen der MitarbeiterInnen aus anderen Arbeitsfeldern
  (Kontaktaufbau und -pflege der Beziehungen)

- Nutzung der Möglichkeit, Vorurteile oder ungerechtfertigte Vermutungen anzubauen

- Planung und Durchführung gemeinsamer Arbeitsvorhaben
  (bei gleichzeitiger Berücksichtigung der eigenen Schwerpunkte)

- Transparenz des eigenständigen Profils der Einrichtung
  (Abgrenzung von unberechtigten Ansprüchen)

- gemeinsame Erörterung von Problemen
  (interdisziplinärer Gedankenaustausch zur Förderung des „Schauens über den eigenen Tellerrand)

- Absprechen von möglichen Hospitationen in anderen Einrichtungen

- Währung der Schweigepflicht
  (strikte Einhaltung bei der Nichtnennung von Namen)

- Bildung von Arbeitskreisen zu bestimmten Problem-/Fragestellungen

- Miteinander und voneinander lernen

- Veränderungen von Hierarchien innerhalb des unterschiedlichen Stellenwertes sozialer Einrichtungen in der Öffentlichkeit

- gemeinsames Auftreten in der Öffentlichkeit

- Durchsetzen von berechtigten Ansprüchen gegenüber anderen Einrichtungen
  (z. B. gemeinsame Erörterung der Schulfähigkeiten der Kinder zwischen Grundschule, Kindergarten und Schularzt/-ärztin)

Öffentlichkeitsarbeit

Kindertagesstätten stehen seit einiger Zeit im Rampenlicht der Öffentlichkeit, geht es zum einen um den „Anspruch auf einen Kindergartenplatz", zum anderen um die Einsparungsmodelle im Sozialbereich. Demgegenüber werden gleichlautende Diskussionen auf verantwortlicher Ebene zu den Schwerpunkten „Qualitätssicherung und -steigerung in der Kindergartenpädagogik" und „Notwendigkeit der Kostensicherung bzw. Zuschußerhöhung" kaum bis gar nicht geführt. Das mag auf den ersten Blick nicht verwunderlich sein, und dennoch ist es verständlich.

Öffentlichkeitsarbeit ist ein Grundsatzmerkmal zur Wertschätzung eines Produkts – dieser Satz aus der Wirtschaft kann ohne Schwierigkeiten auch auf den sozialen Bereich übertragen werden, heißt er doch in der Umkehrung, daß bei einer fehlenden Öffentlichkeitsarbeit eine

Geringschätzung die Folge ist und Produkte – wie auch Einrichtungen – einer Meinung in der Öffentlichkeit hilflos ausgesetzt sind!
Kindertagesstätten (und ihre Pädagogik) werden in hohem Maße genutzt, weil sie notwendig für die Entwicklung von Kindern und hilfreich für die Gestaltung von Lebensplänen der Eltern sind. Letzteres kann dann eine Eigendynamik entfalten, wenn es in erster Linie lediglich um die Unterbringung von Kindern zu bestimmten Zeiten geht. Das ist zwar aus der Sichtweise von Eltern verständlich, dennoch nicht hilfreich für die Diskussion um eine Qualitätssteigerung/-steigerung geleisteter Arbeit. Kindertagesstätten haben dann für die Entwicklung der Kinder einen Wert, wenn sich die MitarbeiterInnen um ein eigenes, deutliches Profil ihrer Institution kümmern und ihre geäußerten Werte im Innenverhältnis zur Praxis werden lassen. Dasselbe gilt in einem umgekehrten Sinn: Eine deutlich kindorientierte Pädagogik wird auch im Außenverhältnis beachtet werden, weil die MitarbeiterInnen ihre Ansprüche und Schwerpunkte in die Öffentlichkeit bringen.

Leider hat es die Elementarpädagogik lange Zeit (und das bis heute) nicht in dem Maße geschafft, sich in ein öffentliches Bewußtsein zu bringen, wie es ihr inhaltlich und strukturell in einem hohen Maße zusteht. Öffentlichkeitsarbeit geschah/geschieht dadurch, daß in den Regionalzeitungen z. B. folgendes zu lesen ist (die Überschriften und Kommentare sind der Presse entnommen):

- „Kinderaugen leuchten – Laternenfest im Kindergarten"
- „Kinder besuchen das Weihnachtsmärchen Hänsel und Gretel"
- „Jan will einmal Baumeister werden" (Überschrift zu einem Bild, auf dem ein Junge aus dem Kindergarten bei der Umbaumaßnahme in einem Kindergarten zuschaut)
- „Wer ist die Schönste im ganzen Land?" (Überschrift zu einem Artikel über ein Faschingsfest im Kindergarten, bei der ein Mädchen, Melanie, ein Prinzessinnenkleid trug)
- „Aufführung im Altenheim – Kinder führen ein Stück auf."
- „Spende über 250 DM hilft dem Kindergarten"
- „Jetzt können wir uns neues Spielzeug leisten" (Überschrift zu einem Kurzartikel über eine Spende in Höhe von 500 DM für einen Kindergarten)
- „Experiment im Kindergarten: Spielzeugfreie Räume"
- „Kinder überraschen ihre Kindergärtnerin" (Überschrift zu einem Beitrag, in dem es um die Hochzeit einer Erzieherin ging und die Kinder ein Spalier vor dem Kirchenportal bildeten)
- „Kindergartenbasar brachte ein gutes Ergebnis"

Solche oder ähnliche Presseveröffentlichungen in ganz Deutschland stehen an der Tagesordnung, wenn es etwas aus Kindergärten zu berichten gibt. Dabei wird deutlich:

1. Kinder werden in einer „Niedlichkeit" gepriesen;
2. Kinder haben es schön;
3. Kinder unternehmen etwas für andere;
4. der Kindergarten freut sich auch über kleinste Spenden;
5. der Kindergarten versucht etwas Neues;
6. Kindergärten basteln und freuen sich über Einnahmen.

Ohne die subjektive Bedeutung der oben genannten Aktionen zu schmälern, ist aber festzuhalten, daß durch solche Öffentlichkeitsarbeit keine Fachlichkeit transportiert wird. Im Gegenteil: Der Kindergarten öffnet sich jeweils nur einen kleinen Spalt nach außen und prägt ein erwartetes Bild: öffentliche Anteilnahme bei besonderen, von außen bestehenden Erwartungen, Beruhigung im Hinblick auf eine „verwaltete Pädagogik", Freude über spontane oder geplante, kleine Good-will-Aktionen finanzkräftiger Einrichtungen mit der Erwartung einer Dankbarkeit und Akzeptanz einer „lieben Beschäftigung der Kleinen". Kindergartenpädagogik unterstützt damit ein Profil der fachlichen (!) Geringschätzung, zumal gegengewichtige Beiträge entweder nicht veröffentlicht werden oder entsprechende Artikel von den MitarbeiterInnen nicht formuliert und an die Presse weitergegeben werden.

Öffentlichkeitsarbeit
- beeinflußt Meinungen,
- schafft ein Interesse an Folgeinformation,
- läßt Fachlichkeit in den Vorder-/Hintergrund rücken,
- unterstützt ein spezifisches Profil,
- unterstützt den Wert einer Einrichtung,
- schafft Verständnis für besondere Anliegen,
- provoziert Solidarität,
- problematisiert Widersprüche und
- klärt Uneindeutigkeiten.

Wenn also Öffentlichkeitsarbeit kaum oder gar nicht genutzt wurde/wird bzw. in einem Maße geschieht, daß Kindertagesstätten (und damit auch immer ihre Pädagogik) traditionellen Klischeevorstellungen entgegenkommen, dann bleibt die Werteinschätzung einer Einrichtung in einem unteren Bereich.

Kindertagesstätten sollten sich darum bemühen, als eigenständige Facheinrichtung wahrgenommen zu werden und damit Beachtung finden.

Positive Beispiele aus der Praxis sprechen dabei für sich:

a) Einige Kindertagesstätten öffnen ihre Gesamtelternabende für alle interessierten Erwachsenen, wenn es sich beispielsweise um einen Themenabend handelt und ein Fremdreferent/eine Fremdreferentin eingeladen wurde. Entsprechende Handzettel/Plakate wurden rechtzeitig verteilt bzw. gut sichtbar ausgehängt.

b) Einige Kindertagesstätten sind in Arbeitskreisen vertreten und belegen durch Fachbeiträge ihre deutliche Fachkompetenz.

c) Berichte aus Projekten werden mit Fachinformationen versehen und zur Veröffentlichung an die Presse weitergegeben.

d) MitarbeiterInnen aus anderen Kindertagesstätten wiederum nutzen mitinitiierte Podiumsdiskussionen, um fachliche Anliegen und Notwendigkeiten auf den Punkt zu bringen.

e) Einige Kindertagesstätten stellen mit der Beilage ihrer Konzeption eine Präsentationsmappe der Einrichtung zusammen und geben sie an Arztpraxen, Beratungsstellen, Jugendämter und andere Sozialträger aus, um zu informieren und präsent zu sein.

Eine gute und sachgerechte Öffentlichkeitsarbeit verlangt von den MitarbeiterInnen, Ziele und Vorstellungen, Inhalte und Vorhaben zu strukturieren und eine Aufgabenteilung zu klären, damit dieser eher „ungeliebte Punkt" auch in der Praxis umgesetzt wird. Notwendige Klärungsfragen lauten:

> wer
> macht was
> mit wem
> und welchem Ziel
> bis wann
> wie?

Eine der besten Formen der Öffentlichkeitsarbeit ist (arbeitsbegleitend) die, daß der Kindergarten sich in der Öffentlichkeit zeigt, etwa beim Besorgen notwendiger Arbeitsmittel, dem Unternehmen von Aktionen, bei Ausflügen im Gelände, dem (projektbesetzten) Besuch öffentlicher Einrichtungen, bei der Kontaktpflege im Gemeinwesen und bei besonderen Aktivitäten, die mit Kindern gemeinsam geplant werden. Allerdings reicht es nicht aus, sich nur in der Öffentlichkeit zu zeigen, weil dabei die zuvor erwähnte Fachlichkeit einer gesonderten Hervorhebung bedarf.

Brainstorming zum Schwerpunkt „Öffentlichkeitsarbeit":

- Konktakt und Imagepflege
  (Darstellung des eigenen Profils und der sozialen Bedeutung im Gemeinwesen)

- Teilnahme an öffentlichen Diskussionen zur Pädagogik der Kindertagesstätten

- Transparenz der Arbeit, Ziele und Aufgaben durch die Darstellung/Vermittlung entsprechender Fachinformationen

- Öffentlichkeitsarbeit als Kommunikationsförderung
  (Unterstützung interdisziplinärer Zusammenarbeit)

- Ausgabe/Verkauf eines Teils der Kindergartenzeitungen in benachbarten Geschäften

- Presseberichte über Themenelternabende, Projekte und besondere Aktivitäten

- Anspruch auf Herstellung einer Vermittlung deutlicher Fachinformationen
  (Kindertagesstätten als eigenständige Einrichtungen im deutschen Bildungssystem)

- Veränderung des Image der Kindertagesstätten
  (von der „Kleinkindschule"/„Basteleinrichtung" zur fachprofilierten Institution)

- Aufwertung des Berufsbildes der ErzieherInnen
  (von der „Basteltante" zur Fachfrau in der Elementarpädagogik)

- Notwendigkeit der Außenrepräsentanz
  (Veränderung des Bildes einer „stillen Pädagogik" zur „aussagekräftigen Pädagogik")

- Demonstration einer Selbständigkeit
  (Öffentlichkeitsarbeit als aktives Instrument der Selbstdarstellung, unabhängig von gewünschten oder erwarteten Bedürfnissen der Zurückhaltung übergeordneter Instanzen)

- Öffentlichkeitsarbeit als vertrauenschaffende Maßnahme
  (Offenheit durch Öffnung der Kindertagesstätte)

- Unterstützung des Bekanntheitsgrades der Einrichtung

- Veränderung von Vorurteilen gegenüber der Kindertagesstätte

- Erarbeitung einer Präsentationsmappe (analog: Konzeption) über die Kindertagesstätte
  (zur Nutzung bei öffentlichen Kontakten)

- Nutzung und regelmäßige Aktualisierung eines Schaukastens

- Initiierung und Durchführung von Ausstellungen in öffentlichen Gebäuden
  (Themenbeispiele: Kindheiten heute / Veränderung des Berufsbildes der ErzieherInnen / Projektbeispiele aus der Arbeit ...)

- Feste und Feiern mit allen Bezugspersonen der Kinder

- Nachbarschafts-/Straßenfeste
  (zur Information der Nachbarschaften und Pflege des Kontaktes)

- Öffnung der Themenelternabende für die interessierte Öffentlichkeit
  (Erörterung der Möglichkeiten, anteilige Eintrittsgelder bei Veranstaltungen zu erheben)

- Einladungen für andere soziale Einrichtungen aussprechen
  (Unterstützung des Kennenlernens anderer Institutionen, z. B. im Hinblick auf den Abbau von Vorurteilen)

- Übernahme von Patenschaften
  (aus der Gemeinde, für besondere Projekte außerhalb des direkten Umfeldes)

- Mitwirkung bei Gottesdiensten und Gemeindefesten

- Durchführung von Flohmärkten, Bazaren
  (Nutzung der Einnahmen für besondere Anschaffungen, für die im Haushaltsplan keine Gelder zur Verfügung stehen)

- Erarbeitung eines einrichtungsinternen Logos
  (Nutzung des „graphischen Zeichens" zur unverwechselbaren Identifikation der betreffenden Institution)

- Mitarbeit/Mitgestaltung bei entsprechenden Beiträgen in regionalen Radiosendungen

- Nutzung der Öffentlichkeitsarbeit durch das Schreiben von LeserInnenbriefen

- Verteilen von Handzetteln/Flugblättern
  (bei Veranstaltungsprogrammen, Aktionen, Einladungen)

- Gestaltung und Aushang von Plakaten
  (als Einladungen für besondere Veranstaltungen)

● Teilnahme an Demonstrationen zur Verbesserung der Lebens- und Arbeitsbedingungen in Kindertagesstätten
(Verzicht auf eine Funktionalisierung von Kindern!)

● Info-Stände
(Vorstellung der Kindertagesstättenarbeit)

Anleitung und Beratung von PraktikantInnen

PraktikantInnen können – unabhängig von der Praktikumsform – eine ausgesprochen große Hilfe oder auch eine deutliche Belastung für die Kindertagesstätten darstellen. Die einen sind fleißig, motiviert und interessiert, neugierig und aktiv, die anderen sind demotiviert und erleben ihr Praktikum als ein ärgerliches „Muß", sind eher unselbständig und inaktiv, desinteressiert oder gelangweilt. Diese (und sicherlich viele andere) Verhaltensweisen haben ebenso viele Hintergründe und Auslöser wie bei ArbeitnehmerInnen in einem festen Arbeitsverhältnis.

Auf der einen Seite trägt die Ausbildungsschule einen hohen Anteil daran, wie PraktikantInnen ihre Vorbereitung auf den Beruf erlebt haben und gestalten. So hat es etwas zu tun mit

● der Aktualität der Themen in den einzelnen Fächern,
● den unterschiedlichen Methoden der Unterrichtsgestaltung,
● der erwachsenen- oder einer schülerorientierten Umgangsform,
● dem (aktuellen) Fachwissen der Lehrkräfte,
● der gesamten Umgangskultur in der Ausbildungsschule,
● einer interdisziplinären und fächerübergreifenden Arbeit,
● der aktuellen Erfahrung der Lehrkräfte aus den Arbeitsfeldern,
● der Innovationsfreude im Hinblick auf Themen und Schwerpunkte,
● der Ablösung von alten, überflüssigen Inhalten,
● der Berücksichtigung persönlichkeitsbildender Grundlagen.

Auf der anderen Seite tragen aber auch PraktikantInnen selbst dazu bei, wie deutlich oder undeutlich, klar oder unklar, motiviert oder demotiviert sie ihr Praktikum gestalten. Das Praktikum selbst erfährt durch PraktikantInnen ihre eigentliche Bedeutung, so daß der Selbstverantwortung ein hoher Wert zukommt. Mut und Risikofähigkeit stehen dabei Ängsten und gewünschten Sicherheiten entgegen, eine intrinsische (in der Person liegende) Motivation läßt eine extrinsische Motivation (durch die AnleiterInnen) überflüssig werden, eigene Wahrnehmungsoffenheit provoziert Fragen und eine Bereitschaft zu

Reflexionsfähigkeit schließt das Abblocken von Diskussionen über geleistete Arbeit/anstehende Vorhaben aus. Oftmals werden Klagen über PraktikantInnen laut, sie seien „noch so jung". Aus inhaltlicher Sicht betrachtet kann es sowohl Nachteile als auch Vorteile mit sich bringen. Junge Frauen und Männer haben in einer Einrichtung durchaus die Möglichkeit, gerade mit ihrer Lebendigkeit und ihrer teilweise unkonventionellen Sichtweise bestimmter Dinge Schwung und Elan in verhärtete Strukturen (Verhaltensmuster und unausgesprochene Regeln) zu bringen, wenn die MitarbeiterInnen es zulassen können, auch sich als Lernende zu begreifen. Junge Frauen und Männer sind aber auch noch in weiten Teilen in ihrer eigenen Entwicklung, so daß ein Praktikum zur Findung persönlicher und beruflicher Identität dient. Es wird erst dann kritisch, wenn PraktikantInnen ihre eigenen Entfaltungsmöglichkeiten nicht nutzen (wollen/können) und damit ihre Entwicklung selber hemmen. An dieser Stelle könnten ungezählte Beispiele aus der Praxis aufgeführt werden, wo auch ältere, fertig ausgebildete MitarbeiterInnen ähnlich problematische Verhaltensweise offenbaren.

PraktikantInnen haben ebenso wie ausgebildete ErzieherInnen das Recht und die Pflicht, sich auf Lernprozesse einzulassen, weil es darum geht, Handlungen zu hinterfragen und neue Handlungsentwürfe fachkompetent zu entwickeln. PraktikantInnen brauchen dazu feste Anleitungskräfte (aus dem Kindergarten und ihrer Ausbildungsschule), die verläßlich und zuversichtlich eine Begleitung gestalten. Dabei kommt der Anleitung und Beratung eine besondere Bedeutung zu im Hinblick auf eine

● Ermunterung zum Probieren,
● strukturierte Planung von Vorhaben,
● kritische Begleitung der Umsetzung,
● personen- und fachbezogene Auswertung der Projekte,
● durchdachte Neuplanung bei auftauchenden Schwierigkeiten,
● person- und inhaltsorientierte Diskussion über den Erfolg/Mißerfolg des Praktikums.

Und genau hier liegt möglicherweise das dritte Merkmal für den erfolglosen/erfolgreichen Praktikumsbesuch: Sowohl die Einrichtung selbst als auch die MitarbeiterInnen tragen dazu bei, ob ein Praktikum für PraktikantInnen deutliche Lernzuwächse bringen. PraktikantInnen haben das (unausgesprochene) Recht,

● strukturiert begleitet zu werden,
● feste Reflexionszeiten angeboten zu bekommen,

- an dem Aufbau und der Gestaltung ihres Praktikums mitzusprechen,
- deutliche Hilfen bei Schwierigkeiten zu erhalten,
- spezifische Rückmeldung auf ihr Verhalten/ihr Handeln zu hören,
- eigene Ideen einzubringen und mit den Notwendigkeiten abzuwägen.

Da PraktikantInnen die ErzieherInnen von morgen sind, besteht für die AnleiterInnen zugleich die Pflicht, das Praktikum als eine Probezeit anzusehen. Kein Praktikum trägt in sich ein Recht auf „eine positive Beurteilung", zumal PraktikantInnen ihre Leistungen unter Beweis stellen müssen. Praktika bereiten auf den Beruf vor, und da die spätere Tätigkeit einer Erzieherin immer dadurch gekennzeichnet ist, in einem Spannungsverhältnis unterschiedlicher Erwartungen zu stehen, spontane Anforderungen aufzugreifen und sich ihnen zu stellen, plötzliche Notwendigkeiten zu sehen und aktiv zu werden, Belastungen auszuhalten und nach Möglichkeiten zu verändern sowie sich und ihre Arbeit täglich aufs neue zu hinterfragen, darf und sollte auch das Praktikum kein „Schonklima" sein – wenn auch eine Probezeit!

Neben den längeren Praktikumszeiten gibt es auch immer wieder Kurzzeitpraktika. Jede Einrichtung sollte genau abwägen, ob sie sich darauf einlassen will, weniger im Hinblick auf eine eigene Belastung als vielmehr im Hinblick auf Kinder. Das große Thema der Zeit heißt u. a. „Beziehungslosigkeit der Kinder". Kurzzeitpraktika lassen nun für Kinder kurze Beziehungen aufkommen und werden schon nach kurzer Zeit wieder abgebrochen, weil das Praktikum zu Ende ging. Es ist bedauerlich, daß in der Pädagogik einerseits Dinge beklagt werden (siehe „Beziehungslosigkeit"), auf der anderen Seite destruktive Strukturen unterstützt werden (siehe Kurzzeitpraktika).

Gerade bei der Erstellung einer Konzeption und der Festlegung ihrer Eckwerte bietet es sich an, gemeinsam mit allen MitarbeiterInnen Überlegungen darüber anzustellen, ab welcher Zeitspanne PraktikantInnen aufgenommen werden (Mindestpraktikumszeit). Das Argument „ ... und wenn sich nun alle Praktikumsstellen weigern würden ..." ist dabei sekundär, geht es doch primär um Kinder! Eine ähnliche Entscheidung ist in einer MitarbeiterInnendiskussion zu führen, was zu machen ist, wenn z. B. PraktikantInnen mit vorgedachten oder vorgeplanten Themenschwerpunkten in die Einrichtung kommen und dabei funktionsorientierte Übungen „durchziehen" wollen/müssen. Es gibt eine Reihe an Kindertagesstätten, die sich inzwischen deutlich weigern, so etwas zuzulassen, zumal es z. B. auch bestimmte Aussagen einer Konzeption deutlich widersprechen würde, gäben Kindertagesstätten dafür Zeit und Raum. Gleichzeitig würden im letzteren Fall Kontakte zu der entsprechenden Fachschule/-akademie aufgenommen werden, um die unterschiedlichen Vorstellungen zu thematisieren und Lösungen zu finden, ohne daß die Kindertagesstätten einen sogenannten „faulen Kompromiß" eingehen würden. Ausbildungsstätten haben schon in der Vergangenheit gelegentlich ihr „Konzept" ändern müssen, weil sie ihre PraktikantInnen nicht mehr unterbringen konnten und damit ein Schulabschluß in Frage gestellt war.

Besonders günstig ist es, wenn die Zeit des Praktikums anhand eines „individuellen PraktikantInnenplans" strukturiert wird – wohlgemerkt in Zusammenarbeit mit den PraktikantInnen –.

Die Zeit des Praktikums kann grundsätzlich in drei Phasen aufgeteilt werden:
der Phase der Erprobung,
der Phase der Reflexion und
der Phase der Vertiefung.

Nun werden alle Schwerpunkte
● Beobachtung einzelner Kinder/Gruppen,
● Hilfe bei der Zusammenarbeit mit Eltern,
● Wege der Öffentlichkeitsarbeit,
● Umgang mit Fachliteratur,
● Schwerpunkte der Arbeit mit Kindern,
● Teilnahme bei der Zusammenarbeit mit anderen Fachkräften,
● Wege der Persönlichkeitsbildung,
● Unterstützung der Entwicklung des Teams,
● Identifikation eigener Schwer- und Schwachpunkte,
● berufspolitische/-pädagogische Fragen etc.
auf die drei oben genannten Phasen übertragen und inhaltlich differenziert sowie mit Zeitphasen versehen. Ein solcher „individueller PraktikantInnenplan" gibt sowohl den PraktikantInnen Halt und Orientierung als auch den AnleiterInnen Struktur und Selbstverpflichtung.

Es versteht sich beinahe von selbst, daß im Anschluß an ein absolviertes Praktikum schriftliche Kriterien einer Beurteilung zum Ausgangspunkt der Ergebnisbewertung zu Hilfe genommen werden, um PraktikantInnen und ihre Arbeit einzuschätzen und die Bewertungsmaßstäbe offenzulegen. Gerade diese Transparenz ist in einer gemeinsamen und abschließenden Diskussion ein weiterer Schritt fachlicher Reflexion, um Entscheidungen nachvollziehbar zu machen. PraktikantInnen können dies nutzen, um Konsequenzen für die weitere Zukunftplanung zu ziehen.

Brainstorming zum Schwerpunkt „Anleitung und Beratung von PraktikantInnen":

● Aufschlüsselung der unterschiedlichen Praktika

● Entscheidung der MitarbeiterInnen, welche PraktikantInnen grundsätzlich in der Kindertagesstätte ihr Praktikum absolvieren können (Festlegung einer Mindestpraktikumszeit)

● Erörterung der Möglichkeit/Notwendigkeit, daß PraktikantInnen sich vor einer Praktikumszusage allen MitarbeiterInnen/den Kindern vorzustellen haben
(in der MitarbeiterInnenrunde/dem MitarbeiterInnenkreis, in der Kinderkonferenz)

● Verdeutlichung der Erwartungen an einen Praktikanten/eine Praktikantin
(Aufstellung eines Erwartungsprofils)

● Verdeutlichung der Erwartungen an die Ausbildungsschule
(Aufbau des Praktikums, Inhalte und methodisch-didaktische Vorgehensweisen)

● Erarbeitung eines PraktikantInnenplans
(entsprechend einem Drei-Phasen-Modell: Erprobung, Reflexion, Vertiefung)

● das Recht von PraktikantInnen auf einen festen Ansprechpartner in der Kindertagesstätte
(Delegation einer Person zur Anleitung und Beratung)

● gemeinsame Planung von Projekten mit PraktikantInnen
(Einbeziehung von PraktikantInnen in die laufenden Projekte)

● Akzeptanz der Rolle von PraktikantInnen, Lernende(r) zu sein
(Bejahung der Notwendigkeit, daß ein Praktikum ein Bestandteil der Ausbildung ist)

● Unterstützung des Besuchs festgelegter PraktikantInnentreffs
(ohne Beteiligung der AnleiterInnen)

● Ideen der PraktikantInnen zulassen und sich selber als Mitlernende verstehen
(Akzeptanz eines gegenseitigen Lernprozesses)

- Probleme der PraktikantInnen offen und direkt ansprechen
  (Reflexion persönlicher Schwierigkeiten unter dem Aspekt einer Persönlichkeitsbildung)

- Erörterung der Vorerfahrungen eines Praktikanten/einer Praktikantin
  (an den Erfahrungen von PraktikantInnen anknüpfen, um Brüche unterschiedlicher Erlebnisse zu vermeiden)

- Vermittlung von Informationen über das soziokulturelle Umfeld des Kindergartens, seiner Bedingungen und Geschichte (Hinführung zu einer Institutionsanalyse)

- Thematisierung der Beziehung zwischen PraxisanleiterIn und PraktikantIn
  (Abbau von gegenseitigen Vorurteilen und Hinwendung zu einer tragfähigen Beziehung)

- Klärung der Rollen von AnleiterIn und PraktikantIn
  (Offenlegung eigener und fremder Erwartungsmuster)

- gemeinsame Festlegung der unterschiedlichen Ziele des Praktikums
  (Vermeidung von Mißverständnissen)

- Offenlegung von Handlungsgrenzen und ihrer Hintergründe
  (aus den Fehlern lernen)

- Thematisierung der Begriffe von „Nähe und Distanz"
  (sowohl im Hinblick auf die MitarbeiterInnen als auch zu den Eltern und Kindern)

- Klärung der Möglichkeit, an Fortbildungen/Seminaren teilzunehmen
  (Absprachen in der MitarbeiterInnenrunde treffen unter Beachtung aller Argumente)

- Krisen der PraktikantInnen als Chance nutzen
  (persönliche/fachliche Irritationen als einen Findungsprozeß begreifen)

- Bekanntgabe institutionsinterner Regelungen und Umgangsformen
  („duzen/siezen", Abmeldungen bei Krankheit, Beteiligung am Mittagstisch etc.)

- Nutzung von (Arbeits)Materialien
  (Hinweise und Absprachen treffen)

- Anleitungsgespräche und Protokollierung inhaltlicher Absprachen
  (die Bedeutung der Anleitungsgespräche herausstellen)

- Beurteilung der Praktikantin/des Praktikanten
  (Klärung der Beurteilungskriterien)

- beim Nichtbestehen eines Praktikums Mut beweisen
  (fachkompetente Beurteilung von PraktikantInnen weisen auch immer die Möglichkeit auf, ein Praktikum als nicht erfolgreich besucht zu dokumentieren)

- PraktikantInnen haben ein Recht darauf, nicht als Ersatzkräfte ausgenutzt zu werden
  (Herstellung klarer Schwerpunktbildungen in der Arbeit)

Fort-, Weiter- und Zusatzausbildung

Die Qualität der geleisteten Arbeit ist unmittelbar von den Kompetenzen abhängig, die MitarbeiterInnen in Kindertagesstätten besitzen. Dabei kommt der Fachschul-/akademieausbildung zwar eine Grundbedeutung zu, doch besteht in der Fachöffentlichkeit Einigkeit darüber, daß die Berufsausbildung selbst „nur" Grundlagen vermitteln kann. Das schmälert aber nicht ihren Wert. Vielmehr haben die Ausbildungsschulen dafür Sorge zu tragen, daß zukünftige ErzieherInnen mit einem Basiswissen in die Praxis einsteigen können.

Die Aufgabe der Fort-, Weiter- und Zusatzausbildung besteht nun darin, einzelne Schwerpunkte zu vertiefen oder durch zusätzliche Qualifikationen die Handlungskompetenzen der Erzieherinnen zu erweitern.

Schwerpunkte einer Fortbildung können etwa folgende sein:

- Vertiefung der Kenntnisse über bestimmte pädagogische Ansätze;
- Anleitung und Beratung von PraktikantInnen;
- Entspannungsverfahren mit Kindern;
- Musik und Bewegung auf der Grundlage einer ganzheitlichen Pädagogik;
- Sprachbegleitung von Kindern;
- Psychologie der Märchen und ihre Bedeutung für die Entwicklung;
- Psychologie der Kinderzeichnungen und Bilder;
- Gesprächsführung in schwierigen Situationen;
- Rhetorik für ErzieherInnen;
- psycho-sexuelle Entwicklung im Kindergartenalter;
- darstellendes Spiel mit Kindern;
- neue Formen der Zusammenarbeit mit Eltern;
- Planung und Gestaltung fachkompetenter Elternabende;
- Kulturpädagogik mit Kindern;

- Nutzung und Einsatz von Medien im Kindergartenalltag;
- pädagogisches und therapeutisches Puppenspiel mit Kindern;
- Tanz und szenisches Spiel in der Elementarpädagogik;
- Selbstverständnis der MitarbeiterInnen zum Bild des Kindes;
- Spielen und Lernen – der Zusammenhang von Spiel- und Schulfähigkeit;
- Sinn und Unsinn unterschiedlicher Regeln im Alltag mit Kindern;
- Kinderrechte und ihre notwendigen Auswirkungen auf die Praxis;
- Konflikte im Team – Strategien zur Veränderung;
- Grundlagen für die Erstellung/Überarbeitung einer kindorientierten Konzeption;
- Kinder haben Schwierigkeiten – wie kann der Kindergarten helfen?

Diese und viele andere Themen können MitarbeiterInnen in Kindertagesstätten eine deutliche Unterstützung darin geben, wenn aktuelle Fragen in der Praxis anstehen und vorhandene Mittel nicht ausreichen, Fragen zu beantworten oder Schwierigkeiten zu verändern.

Weiter- und Zusatzausbildungen sind im Unterschied zu Fortbildungsseminaren umfangreicher und können entweder in Vollzeitform oder in berufsbegleitenden Blocks besucht werden. Dabei geht es vor allem um folgende Schwerpunkte:

- Zusatzausbildung für ErzieherInnen in Leitungsfunktion;
- Management im Kindergarten;
- Musikpädagogik und Musiktherapie;
- personenzentrierte Gesprächsführung und Beratungspsychologie;
- Zusatzausbildung in „Spielpädagogik";
- themenzentrierte/therapeutische Theaterpädagogik;
- integrative Pädagogik;
- Kunstpädagogik und -therapie;
- Weiterbildung zum Rollenspielleiter;
- Zusatzausbildung zur Arbeit mit (sexuell) mißhandelten Kindern;
- Zusatzausbildung in „Rhythmischer Erziehung";
- pädagogische und psychotherapeutische Arbeit mit Kindern;
- Poesie und Bibliopädagogik in der Elementarpädagogik;
- Zusatzausbildung in Motopädagogik;
- Gestaltpädagogik mit Kindern;
- Feldenkrais-Pädagogik;
- Zusatzausbildung in „kindzentrierter Spieltherapie";
- Zusatzausbildung in „Tanz und Bewegungstherapeutik";
- Ausbildung zur Märchenerzählerin;
- heilpädagogische Zusatzausbildung.

Neben dem externen Besuch unterschiedlicher Veranstaltungen, bei denen einzelne MitarbeiterInnen sich fort- oder weiterbilden, gibt es auch die Möglichkeit, als Gesamtgruppe der Kindertagesstätte ein Seminar gemeinsam zu belegen. Dazu werden Referentinnen/Referenten in die Einrichtung eingeladen, so daß alle MitarbeiterInnen an einem Thema arbeiten. Der Vorteil ist offensichtlich: Jede Mitarbeiterin ist dadurch auf dem gleichen Kenntnisstand wie ihre Kollegin, so daß der Gewinn für die Einrichtung häufig weitaus höher ist, als es bei dem Besuch vereinzelter Veranstaltungen durch einzelne der Fall ist. Nicht zuletzt kann der Prozeß einer Teamentwicklung dadurch eine zusätzliche Unterstützung erfahren, Diskussionen können inhaltsorientierter geführt und Veränderungen können gezielter aufgegriffen werden. Der Trend eines „In-house-Seminars" ist in den letzten Jahren deutlich angestiegen, und immer mehr Einrichtungen entscheiden sich dafür, „miteinander und durch einander" zu lernen.

Fort- und Weiterbildungsseminare initiieren Lernprozesse auf allen drei Kompetenzebenen: der Selbst-, Sprach- und Sozialkompetenz.

Dadurch, daß Fort- und Weiterbildung nie dazu beitragen darf, daß lediglich neue Informationen aufgenommen werden, sondern vielmehr darüberhinaus auch einen persönlichen Bezug zu den SeminarteilnehmerInnen hergestellt wird, geschieht auch eine Form der „Persönlichkeitsbildung". Wertvorstellungen und Normen werden berührt und in Beziehung zu Inhalten gesetzt, eigene Grenzen erfahren und Ressourcen neu entdeckt. In dieser Hinsicht kommt es zu einer Erweiterung der Reflexionsfähigkeit, getroffene oder neu zu treffende Entscheidungen werden immer wieder aufs neue abgewogen und dabei in Verbindung mit dem „Können und Wollen" gebracht. Dadurch, daß Lernprozesse auch mit anderen gesucht und erlebt werden, daß Wahrnehmungsoffenheit zum Tragen kommt und prozeßorientiert vorgegangen wird, daß diskursive Diskussionen geführt werden und deutliche Aussagen zum gegenseitigen Verstehen beitragen, kommt es zum Auf-/Ausbau neuer Sozialkompetenzen, die Kindern und Eltern gleichsam für eigene Entwicklungen helfen.

Unbestritten ist der Zuwachs einer neuen Fachkompetenz, wenn Fort- und Weiterbildungsveranstaltungen eine entsprechende Qualität aufweisen. Gerade die Erweiterung des Wissens, indem z. B. neue Forschungsergebnisse oder Erkenntnisse aus der Elementarpädagogik vermittelt und aufgenommen werden, trägt zu einer stabileren Sicherheit im Umgang mit Eltern und anderen Erwachsenen bei, läßt Informationen hinterfragbar werden und die Gestaltung der gesamten Arbeit auf einem qualitätsorientierten Fundament stehen.

Zwei Anmerkungen scheinen in diesem Zusammenhang notwendig zu sein: Zum einen darf es auch bei einer angespannten Finanzlage der verschiedenen Träger nicht dazu kommen, daß Fort- und Weiterbildungshaushalte noch weiter gekürzt werden, zum anderen müssen Mitarbeiterinnen in vielen Fällen noch deutlicher als bisher die unterschiedlichen Möglichkeiten zur Fort- und Weiterbildung einfordern. Beides ist ein fester Bestandteil der Berufstätigkeit und unterstützt den Anspruch einer kompetenten und professionellen Arbeitsgestaltung. Fort- und Weiterbildung bringt ErzieherInnen darüberhinaus das Faktenwissen, das notwendig ist, um auch von anderen sozialen Einrichtungen und ihren unterschiedlichen Erwartungen unabhängig zu machen und z. B. in eine Fachdiskussion zu treten, durch die elementarpädagogisches „Know-how" möglicherweise auch in diesen Institutionen Berücksichtigung finden kann (z. B. in Grundschulen oder in der Spielpädagogik/-therapie in Beratungsstellen für Kinder).

Fortbildung wird aber nicht nur durch Seminare wahrgenommen, sondern auch durch das regelmäßige Lesen von Fachbüchern und Fachzeitschriften, in denen meist eng umrissene Themen behandelt werden. Diese Fachkenntnis verhilft dabei in entscheidendem Maße, gerade mit Eltern und KollegInnen in fachliche Unterhaltungen einzutreten, um anstehende Probleme sorgsam zu lösen. Beispiele aus einigen Kindergärten zeigen, daß selbst Eltern von Kindern im Kindergartenalter, die nicht ihre eigenen Kinder in dieser Kindertagesstätte haben, durch Freundinnen/Freunde (Eltern aus diesem Kindergarten) auf die Fachkompetenz der betreffenden ErzieherInnen hingewiesen wurden und nun als „externe Eltern" um einen Gesprächstermin gebeten haben.

Doch zurück zur Fachliteratur: In einigen MitarbeiterInnenrunden ist es üblich, daß jede Mitarbeiterin über ihr Leseergebnis eine Zusammenfassung schreibt und in einer gemeinsamen Sitzung über die Inhalte eines Buches referiert. Dabei können Verständnisfragen ebenso gestellt werden, wie Anmerkungen zur Umsetzbarkeit getroffen werden.

Fort-, Weiter- und Zusatzausbildungen dienen nicht zuletzt der eigenen Karriereplanung im Hinblick auf die Fragestellung, wie es mit zunehmenden Jahren bezüglich des Arbeitsfeldes aussehen wird/soll („Derzeit kann ich mir noch gut die Arbeit im Kindergarten vorstellen, doch, wenn ich älter bin, würde ich ganz gerne in die Fortbildungsarbeit gehen ...").

Es gibt eine ganze Reihe guter Zusatzausbildungen, um auch in Zukunft einen anderen Arbeitsschwerpunkt zu besetzen. Selbstverständlich müssen dabei persönliche Bedingungen und berufliche Notwendigkeiten miteinander abgewogen werden. Eine rechtzeitige Planung und klare Zielvorstellungen lassen erhoffte Wege bei einer gezielten Vorbereitung durchaus zur Realität werden, entsprechend dem Motto, daß der Weg das Ziel ist.

Brainstorming zum Schwerpunkt „Fort-/Weiter-/Zusatzausbildung":

● Fortbildung als ein fester Bestandteil der Arbeit
(regelmäßiger Besuch entsprechender Seminare)

● Fortbildung als ein Recht und eine Pflicht zugleich
(die ewige Motivation zur Fortbildung ist ebenso notwendig wie die gespürte Verpflichtung, sich fachlich aktuell zu halten)

● Besitz von Kenntnissen zu „neuen Strömungen in der Pädagogik"
(Kennen von bildungspolitischen Tendenzen und Auseinandersetzung mit ihren Inhalten)

● Erweiterung des eigenen „fachlichen Bewußtseins"
(Auf-/Ausbau eines vernetzten Denkens auf der Grundlage eines abgesicherten Wissens)

● Kenntnisbesitz über entsprechende Fort-/Weiter-/Zusatzausbildungsangebote regionaler und überregionaler Anbieter
(regelmäßige Information über Fortbildungsträger und ihre Bildungsschwerpunkte)

● regelmäßiges Lesen von Fachbüchern
(Auswahl und Kaufentscheidung aus Buchbesprechungen ableiten)

● regelmäßiger Austausch über neue Fachinformationen
(fester Bestandteil in den MitarbeiterInnensitzungen)

● Vorstellung der Bildungsinhalte in der MitarbeiterInnengruppe nach dem Besuch eines Seminars
(Teilhabe aller an den Fortbildungsschwerpunkten)

● gemeinsame Fortbildungsplanung am Ende eines Jahres für das kommende Jahr
(Verteilung/Delegation im Hinblick auf Fortbildungsinteressen einzelner MitarbeiterInnen und Finanzzuordnung aus dem Etat)

● Erörterung der Notwendigkeit/Zweckmäßigkeit eigener finanzieller Beteiligungen
(bei einem ausgeschöpften Etat/einem zu geringen Etat)

- freie Auswahl des Fortbildungsträgers
  (Nutzung eines ArbeitnehmerInnenrechts)

- freie Entscheidung im Hinblick auf die Auswahl eines Referenten/
  einer Referentin für die Einrichtung
  (Durchsetzung von Qualitätsansprüchen)

- Supervision als eine Form der Fortbildung
  (Erörterung der Vor-/Nachteile einer supervidierten Arbeitsbegleitung)

- Erörterung der Vor-/Nachteile eines sogenannten „In-house-Seminars"
  (Einladung eines Referenten/einer Referentin in die Kindertagesstätten, um mit allen MitarbeiterInnen an einem Thema zu arbeiten)

- aktives Einbringen von Themenvorschlägen für eine gemeinsame
  Fortbildung
  (unter Berücksichtigung eher inhaltlicher oder persönlichkeitsorientierter Schwerpunkte)

- Einbringen von Begründungen für Teilnahmewünsche bei Weiter-
  und Zusatzausbildungen
  (rechtzeitige Kostenregelung erörtern; Vergleich ähnlicher Angebote unterschiedlicher Anbieter; Abwägung der Kosten-Nutzenaspekte)

- rechtzeitige Planung einer weiterqualifizierenden Berufslaufbahn
  (Karriereentwurf und Information über kompetenzerweiternde
  Maßnahmemöglichkeiten)

- Stärkung des Selbstwertgefühls durch den Ausbau eigener Fachkompetenzen
  (Erleben von Sicherheit durch Faktenwissen)

- Fachkompetenz als notwendige Brücke für Elternfragen
  (Eltern Antworten geben können)

- für neue Fachlichkeit aufgeschlossen sein
  („Jeder, der aufhört, besser zu sein, hört auf, gut zu sein.")

- neue Kraft aus Fortbildungsseminaren schöpfen
  (neue Arbeitsmotivation aus besuchten Veranstaltungen ziehen)

- Führen von interdisziplinären Diskussionen
  (aktuelle Fachlichkeit im Austausch mit KollegInnen aus anderen
  pädagogischen Fachrichtungen zeigen)

- Fachwissen trägt zur inhaltlichen Abgrenzung unberechtigter Erwartungen bei
  (Fachlichkeit hilft zur weiteren Profilierung des eigenständigen Erziehungs-, Bildungs- und Betreuungsauftrags der Kindertagesstätten)

- Fachwissen kann in Arbeitskreisen eingesetzt und genutzt werden
  (Initiierung von Arbeitsgruppen zu bestimmten Fragestellungen)

- Fachwissen hindert MitarbeiterInnen daran, inhaltliche Fragen auf der Beziehungsebene auszutragen
  (Fachlichkeit gibt den MitarbeiterInnen ein hohes Maß persönlicher Stärke)

- Fachwissen kommt in bedeutendem Maße den Kindern zugute
  (Schaffung von Möglichkeiten einer neuen Schwerpunktsetzung in der Arbeit)

- Fort-, Weiter-, Zusatzausbildungen unterstützen die eigene Persönlichkeitsentwicklung
  (Fachwissen läßt Verhaltensmuster erkennen und hilft bei der Neustrukturierung der eigenen Identität)

Rahmenbedingungen

Zum Schluß einer Konzeption können bestimmte Eckwerte der Rahmenbedingungen zur Einrichtung genannt werden, etwa

- die Gruppengröße (Anzahl der Kinder),
- die Personalbesetzung und Ausbildung der Fachfrauen,
- Aufnahmekriterien oder
- Hinweise zur Kindergartenordnung.

Dadurch erhalten die LeserInnen der Konzeption einen Einblick in „formale Gegebenheiten" und können auf diese Weise auch einen Vergleich zu anderen elementarpädagogischen Einrichtungen herstellen, unabhängig davon, ob für sie persönlich eine Auswahlmöglichkeit besteht oder nicht.

Entscheidend ist der Aussagewert, der dazu beiträgt, daß ein Eindruck vermittelt wird.

Da eine Konzeption einen Aufforderungscharakter für LeserInnen haben soll, um zur Beschäftigung mit den Inhalten zu motivieren, ist es eher günstig, die Rahmenbedingungen an den Schluß einer Konzeption zu legen. Es ist nicht interessant oder spannend, als LeserIn gleich zu Beginn einer Konzeption mit „trockenen Daten" gefüttert zu werden, und es scheint in der Praxis auch so zu sein, daß eine Verlagerung dieser Daten an erster Stelle einer Konzeption auch etwas über die Umgangskultur dieser Institution aussagt, ob nämlich „Formalien" die Arbeit bestimmen oder die MitarbeiterInnen sich als GastgeberInnen verstehen, Eltern und Kinder für eine Pädagogik und eine Auseinandersetzung darüber einzuladen.

In manchen Konzeptionen haben die MitarbeiterInnen, z. B. eine Hausskizze aufgezeichnet, anstatt die Räume numerisch aufzuzählen. In anderen Konzeptionen wurde – bei einem konstanten Team – ein Foto der MitarbeiterInnen eingeklebt und mit den entsprechenden Namen versehen. Hier sind der Gestaltung – auch zu den sogenannten „trockenen Daten" sicherlich keine Grenzen gesetzt, und es entspricht der Fantasie und Kreativität der MitarbeiterInnen, selbst diesen Punkt aufgelockert und bunt auszufüllen.

Brainstorming zum Schwerpunkt „Rahmenbedingungen":

- Anzahl und Ausstattung der Räume
- Anzahl der Kinder pro Gruppe
- Personalbesetzung der Gruppen
- Ausbildung der MitarbeiterInnen
- Träger der Einrichtung und gegebenenfalls prozentuale Finanzierungsanteile (bei Mischfinanzierungen)
- Aufnahmekriterien
- Hinweise auf eine Kindertagesstättenordnung
- Hinweise auf Altersmischung der Kinder, Offenheit des Kindergartens für alle Eltern, unabhängig von einer bestimmten Religions- oder Kulturzugehörigkeit
- Hinweise zum Außengelände
- Lage des Kindergartens
- Nennung der Zeitspannen zum Bringen und Abholen der Kinder
- Hinweise zur Entscheidung, daß kranke Kinder das Recht haben, zu Hause zu bleiben
- Nennung möglicher Kriterien zur Aufnahme von Kindern mit besonderen Handicaps (Behinderungen)

4. Konzeptionen und ihre Konsequenzen für MitarbeiterInnen, Eltern, den pädagogischen Alltag und den Träger

Wie im Kapitel 1 erwähnt, stellt eine Konzeption weder eine bloße Absichtserklärung, in bestimmter Art und Weise arbeiten zu wollen, noch ein unverbindliches Arbeitspapier dar, an das sich die MitarbeiterInnen halten können oder nicht.

Jede Konzeption wird vom Träger, den ElternvertreterInnen und den MitarbeiterInnen unterschrieben und ist damit ein Teil des Dienstvertrages, der solange Gültigkeit besitzt, bis die Konzeption in vorliegender Form aufgehoben/gekündigt oder verändert wird.

Als Text für den Träger kann es z. B., wie folgt, heißen:
„Die vorliegende Konzeption der Kindertagesstätte ... .
wurde von uns zur Kenntnis genommen und genehmigt.
Sie ist Teil des Dienstvertrages."
(Darunter folgt das Dienstsiegel und die Unterschrift des Trägervertreters.)

Als Text für die Elternvertreter kann es z. B., wie folgt, heißen:
„Die vorliegende Konzeption wurde von den Elternvertretern der Kindertagesstätte ... . gelesen. Die Elternvertretung erteilt hiermit ihre Zustimmung."
(Darunter folgen die Unterschriften.)

Als Text für die MitarbeiterInnen kann es z. B., wie folgt, lauten:
„Diese vorliegende Konzeption der Kindertagesstätte ... . wurde von den MitarbeiterInnen erarbeitet und wird durch die Unterschriften als verbindlich für die Arbeit anerkannt."
(Darunter folgen die Unterschriften der MitarbeiterInnen.)

Als Teil des Dienstvertrages hat die Konzeption damit einen rechtsverbindlichen Charakter, so daß sich alle MitarbeiterInnen – ebenso wie der Träger – an den formulierten Inhalten zu orientieren haben.

Damit sind Rechte und Pflichten schriftlich fixiert und geben allen Beteiligten ein hohes Maß an Sicherheit.

Angenommen, bestimmte MitarbeiterInnen mißachten die Ziele und Aufgaben der selbstgesetzten Inhalte, besteht die Möglichkeit, auf die Rechtsverbindlichkeit hinzuweisen und MitarbeiterInnen in gleichem Maße auf mögliche Konsequenzen anzusprechen. Das erscheint im Interesse einer kindorientierten Arbeit durchaus gerechtfertigt und notwendig.

Damit eine individuelle Einrichtungskonzeption auch ihren individuellen Charakter behält, ist es ratsam, die Konzeption mit einem selbstausgesprochenen „Copyright" zu versehen. Dieses kann z. B. auf der Innenseite der Konzeption unter/über der vollständigen Anschrift der Einrichtung geschrieben werden.

Als Text für das Copyright kann z. B. folgender Inhalt gewählt sein:
> „Diese Konzeption ist Eigentum der Kindertagesstätte ......
> Jedwede Übernahme von Formulierungen, Sätzen, Kapiteln oder Teilen dieser Konzeption ist verboten. Dieses gilt für jede Form der Fotokopie oder einer anderen Form der Nutzung."

Vor dem ersten Satz wird dann das Copyright-Zeichen – ein c in einem Kreis – gesetzt:

©

Manches Mal taucht die Frage auf, ob ein Copyright nicht bei irgendeiner Behörde oder besonderen Amtsstelle beantragt/eingereicht werden muß: Das ist nicht der Fall. Die Urheber einer Schrift – in diesem Falle die MitarbeiterInnen der Einrichtung – haben selber das Recht, ihr Eigentum auf diese Art durch Mißbrauch Dritter zu schützen.

Ein Hinweis am Rande: Wenn neue MitarbeiterInnen ihre Arbeit in der Kindertagesstätte aufnehmen, ist es durch den zurückliegenden Konzeptionsdruck nicht möglich/notwendig, die Konzeptionsdrucke (nach-)zuunterschreiben. Vielmehr wird im Arbeitsvertrag ein Satz aufgenommen, in dem es z. B. heißt:
> „Der Mitarbeiterin/dem Mitarbeiter ... . wurde die Konzeption der Kindertagesstätte ... . zur Kenntnis und Zustimmung vorgelegt. Frau/Herr ... . verpflichtet sich, die Inhalte der Konzeption mitzutragen. Sie ist Teil des Dienstvertrages."

Die Konsequenzen, die Eltern aus den Inhalten der Konzeption ableiten können, sind kurz auf den Punkt zu bringen: Sie können anhand der getroffenen Aussagen von den MitarbeiterInnen (und durch die Genehmigung des Trägers bzw. die Akzeptanz der ElternvertreterInnen) verlangen, daß die Praxis deckungsgleich mit den Konzeptionsausführungen übereinstimmt; gleichzeitig können sie durch die Akzeptanz der Konzeption – sie wird ihnen z. B. auch bei den Neuanmeldungen ihrer Kinder vorgelegt – von den MitarbeiterInnen auf bedeutsame Inhalte hingewiesen werden, um Mißverständnisse aus dem Weg zu räumen. Der Träger wiederum hat mit seinem Siegel und den Unterschriften dokumentiert, daß diese Konzeption von ihm genehmigt wurde. Forderungen/Erwartungen, die den Inhalten widersprechen würden, können erst dann von den MitarbeiterInnen erfüllt werden, wenn sie diesen entsprechen möchten und entsprechende Änderungen in der Konzeption vorgenommen wurden – selbstverständlich in Zustimmung der ElternvertreterInnen.

5. Kontakte zu Kindertagesstätten, die bereits eine Konzeption erarbeitet haben

Manchen (sozial-)pädagogischen Einrichtungen fällt es schwer, überhaupt einen Anfang für die Erarbeitung einer Konzeption zu finden, weil die MitarbeiterInnen sich kaum vorstellen können, wie eine fertige Konzeption aussehen könnte.

Daher kann es hilfreich sein, die bereits erstellten Konzeptionen anderer Tagesstätten zur Kenntnis zu nehmen, um hieraus Impulse für die Erstellung einer eigenen Konzeption zu gewinnen.

Dies ist allerdings nicht ganz unproblematisch, da jede Einrichtungskonzeption ein individuelles Spiegelbild der betreffenden Institution darstellt, und jede einzelne Institution in dieser Einmaligkeit auch ihre Konzeption aufbaut und zu Papier bringt. ErzieherInnen soll aber auch nicht der Weg versperrt bleiben, eine inhaltlich klare und fachkompetent geschriebene Konzeption mit der eigenen in Beziehung zu setzen. Unter diesem Aspekt kann Ihnen der Autor dieses Buches Kontakte zu Kindertagesstätten vermitteln, die sich der mühevollen Arbeit gestellt haben, über viele Tage, Wochen und Monate hinweg eine anspruchsvolle, kindorientierte Konzeption zu planen, zu entwerfen und schließlich fertigzustellen.

Obgleich es schon erwähnt wurde, erscheint im Sinne der Praxiserfahrung der Hinweis nötig, daß wegen des „Copyrights" keine Übernahme der Texte oder Teile hieraus zugelassen sind. Es wäre auch – aus dem Verständnis des Autors und der beteiligten ErzieherInnen heraus – verwerflich, wenn Textstellen aus vorhandenen Konzeptionen abgeschrieben und damit für eigene Zwecke genutzt würden.

Ein Beispiel soll dies unterstreichen: Stellen Sie sich vor, ein Bäkerteam würde in großer Anstrengung und mit viel Fleiß, Engagement und hohen Kosten einen königlichen Kuchen backen, um ihn mit den eingeladenen Kindern und Eltern zu betrachten und zu genießen. Während eines unbewachten Augenblicks kämen nichteingeladene Menschen und würden sich Teile dieses Kuchens nehmen oder sogar die ganze Torte stehlen und für sich selber in Anspruch nehmen: Der Ärger des Bäckerteams wäre verständlich und für alle gedanklich nachvollziehbar.

Bei der Nennung der Anschriften, die beim Autor angefordert werden können, kann es passieren, daß viele LeserInnen des Buches sofort zu Papier und Stift greifen, um eine Konzeption anzufordern. Die mögliche Folge wäre die, daß die eher geringen Auflagen der Einrichtungskonzeptionen sehr rasch vergriffen wären. Gleichzeitig ist es den Kindertageseinrichtungen verständlicherweise nicht zuzumuten, die Porto- und Druckkosten in eigener Rechnung tragen zu müssen.

Um einen akzeptablen Ausgleich zwischen den Interessen für eine Konzeption und den Kindertagesstätten herzustellen, wird folgender Vorschlag gemacht:

● Prüfen Sie bitte sehr ernsthaft die Frage, ob es für Sie notwendig erscheint, eine fremde Einrichtungskonzeption anzufordern, um einen Einblick bzw. einen Eindruck zum Aufbau, zur inhaltlichen Gestaltung, zum Umfang oder Layout zu bekommen.

● Bei entsprechendem Interesse können Sie einen Brief an den Autor (die Adresse finden Sie vorne im Buch, über dem Impressum) schicken. Legen Sie bitte Briefmarken im Wert von 4,40 DM für das Porto sowie 10,– DM für zwei Konzeptionsbeispiele Ihrem Anforderungsbrief bei. Diese werden an die Kindertageseinrichtungen, die die Konzeptionen erstellt haben, weitergeleitet.

● Selbstverständlich können Sie, verehrte Leserin, verehrter Leser, Kontakt zum Autor aufnehmen, wenn es beispielsweise um die Klärung bestimmter Sachfragen geht. Manches Mal erscheint es tatsächlich hilfreich, wenn „Personen von außen" eine Problemstellung betrachten und Hinweise geben können.

● Sollten Sie voller Stolz Ihre Einrichtungskonzeption erarbeitet haben, freut sich der Autor über die Zusendung eines Belegexemplars.

6. Schlußwort

Nun haben Sie, verehrte Leserin, verehrter Leser, den – vielleicht – mühevollen Weg auf sich genommen, das Buch zur Erstellung bzw. Überarbeitung einer Einrichtungskonzeption zu lesen. Sicherlich sind Ihnen vielen Gedanken gekommen, vor allem dann, wenn Sie bestimmte Aussagen zu Ihrer eigenen Praxis vor Ort in Beziehung gesetzt haben. Manche Anregungen mögen für Sie sehr hilfreich gewesen sein, bei anderen Aussagen werden Sie vielleicht den Kopf geschüttelt haben und bei neuen Hinweisen kann es sein, daß Sie unter Umständen Begeisterung spüren konnten.

Eines ist jedoch allen Auswirkungen gleich: Gedanken im Hinblick auf eine Konzeptionserstellung oder eine veränderte Überarbeitung sprechen nicht nur den Intellekt, sondern immer auch die Emotionen an. Dort, wo eine Konzeption erarbeitet bzw. modifiziert wurde und gleichzeitig alle MitarbeiterInnen von den Gedanken und Gefühlen ergriffen wurden, etwas Neues zu kreieren, etwas Eigenes für die Einrichtung (für sich, die Kinder, die Eltern und die breite Öffentlichkeit) zu schaffen und die Freude zu spüren, stolz auf einen anstrengenden Arbeitsprozeß sowie auf ein gutes Arbeitsprodukt zurückblicken zu können, ist etwas entstanden, was sich sehen lassen kann: eine **individuelle Einrichtungskonzeption.** Es ist an dieser Stelle schwer – ja fast unmöglich –, die entspannte Atmosphäre und gleichzeitig den zufriedenen Genuß derjenigen Fachkräfte wiederzugeben, die sich auf den Weg einer solchen Er-/Überarbeitung gewagt haben. So, wie das Buch mit wortgetreuen Zitaten einiger ErzieherInnen begonnen hat, so soll auch an dieser Stelle denjenigen Fachfrauen die Möglichkeit gegeben werden, sich über ihre Arbeit selber zu äußern.

„Es ist fast unglaublich, daß wir es geschafft haben. Wenn ich an den großen Zettelwust denke, der mich fast erschlagen hat, und ich jetzt sehe, wie wir alle Inhaltspunkte in unsere Konzeption untergebracht haben, dann bin ich stolz auf unsere Arbeit." (Silke, Kiel)

„Ich kann es einfach nicht fassen! Vorgestern dachte ich noch, alles bricht zusammen, und wir kommen nie zum Punkt. Und heute erlebe ich, daß alle MitarbeiterInnen ihren Teil dazu beigetragen haben, daß unsere Konzeption steht. Das hat uns zusammengeschweißt und unsere Teamarbeit deutlich nach vorne gebracht." (Anke, Hamburg)

„Wenn ich auf die ersten Tage zurückblicke, dann verstehe ich gar nicht, daß wir heute so viel geschafft haben. Erst war mir nicht klar, worauf überhaupt geachtet werden mußte. Dann hat es mich erschlagen, als ich sehen mußte, was alles mit der Erarbeitung einer Konzeption verbunden war. Umso zufriedener bin ich, daß durch eine deutliche Strukturierung auf einmal Boden unter den Füßen zu spüren war. Und nun halten wir als Team unsere erste Fassung der Konzeption in Händen. Welch ein befreiendes Gefühl." (Theresa, München)

„Das Beste an der Konzeptionserarbeitung war sicherlich, daß wir ab sofort mit einer neuen Klarheit umgehen können. Mir – und ich glaube uns allen – ist nun deutlich geworden, was wir wollen und was nicht, welche Erwartungen wir erfüllen möchten und wo wir uns nach außen abgrenzen werden. Das gibt Sicherheit und befähigt uns, fachkompetentere Aussagen zu treffen." (Britta, Köln)

„Eigentlich hatte ich ganz starke Angst davor, mich auf eine Konzeptionserarbeitung einzulassen. Mir fällt es einfach schwer, mich in Fachfragen zu äußern. Das war schon damals in der Fachschule so. Dadurch, daß wir aber alle an der Konzeption gearbeitet haben, ist mir deutlich geworden, daß jeder von uns einerseits auf der Suche nach Antworten war, andererseits auch alle mit irgendwelchen Dingen bisher unzufrieden gewesen sind. Für mich beginnt ein neues, gutes Kapitel im Kindergarten." (Johanna, Osnabrück)

„Ich hatte in unserem Team immer das Gefühl, daß sich jede von uns irgendwie nicht in die Karten schauen ließ. Zwar wurde stets betont, daß Offenheit und Neugierde bei allen vorhanden war, doch irgend etwas hatte uns daran gehindert, z. B. gegenseitige Gruppenbesuche zuzulassen. Ich glaube, es war die Angst, daß Fehler auf den Tisch gekommen wären und wir uns dann zu rechtfertigen hätten. Jetzt, nach der Konzeptionserarbeitung, erlebe ich unseren Umgang miteinander völlig anders. Durch die Beteiligung aller konnten wir uns noch besser kennenlernen, Vorurteile konnten entkräftet werden und alte Spannungen sind geklärt. Ich freue mich schon auf die neue Arbeit." (Mona, Bremen)

„Ehrlich gesagt, hat früher jeder von uns nur nach seinem eigenen Gefühl gearbeitet – aus dem Bauch heraus, wie manche sagen würden. Die Probleme waren damit vorprogrammiert: Jeder von uns berief sich auf die individuelle Freiheit, gleichzeitig erwartete aber auch jede Kollegin von der anderen ein gewisses Maß an Teamarbeit, Rücksicht und Verständnis. Heute weiß ich, daß wir uns alle etwas vorgemacht haben. Unser Rufen nach persönlicher Eigenständigkeit war nichts anderes als ein Alibi für den Versuch, uns nicht fachlich preiszugeben und deutliche Stellungnahmen abzugeben. Im Grunde genommen herrschte ein Chaos. Durch die Konzeptionserarbeitung haben wir gesehen, daß Absprachen und Fachkompetenz eine professionelle Arbeit ausmachen." (Marita, Braunschweig)

„Es ist schwer, in kürze zu formulieren, was die Konzeptionserarbeitung wirklich gebracht hat. Es war ein intensiver und inhaltsorientierter Austausch über wichtige Themen, unsere Sichtweise der Arbeit und unser Verständnis von Teamarbeit. Ich glaube, daß wir erst bei der Veröffentlichung und Aushändigung unserer Konzeption richtig merken, wie hilfreich unsere festgelegten Gedanken sind. So strukturiert haben wir bisher noch nicht gearbeitet. Gleichzeitig weiß ich auch, daß meine Arbeit nun kontrollierbar ist. Obwohl es mir etwas unangenehm ist, glaube ich trotzdem, daß es sein muß." (Corinna, Hannover)

„Zum ersten Mal sehe ich eine rote Linie in unserer Arbeit. Das ist wichtig und gibt mir das Gefühl, daß wir zielorientiert arbeiten. Das brauche ich ebenso wie meine KollegInnen. Mit Sicherheit kommt es auch den Kindern zugute." (Pia, Ulm)

„Schon jetzt habe ich gespürt, daß unsere Diskussionen konstruktiver und weitaus inhaltsorientierter sind. Wie oft haben wir die so wichtige Zeit regelrecht ‚verplempert' und sind auf Nebenthemen abgerutscht. Jetzt, wo vor allem Begriffe aus der Entwicklungspädagogik klarer sind, können wir viel schneller Probleme erörtern und auf Fragen Antworten finden. Das befriedigt mich mehr als ‚um den heißen Brei herumzureden'." (Jennifer, Münster)

Individuelle Einrichtungskonzeptionen schaffen es offensichtlich, die persönliche und fachliche Zufriedenheit zu verbessern. Das wird den Kindern und Eltern zugute kommen und sich förderlich auf die gesamte Atmosphäre der Kindertageseinrichtungen auswirken.

Klarheit, Struktur und Deutlichkeit von inhaltlichen Aussagen sind allerdings nicht nur mit angenehmen Seiten verbunden. So ist es auch schon geschehen, daß MitarbeiterInnen im Anschluß an eine Konzeptionserarbeitung gemerkt haben, daß sie sich mit diesem Verständnis von Arbeit bzw. dieser Ausrichtung nicht (mehr) identifizieren konnten/können.

„Mir ist deutlich geworden, daß ich so nicht arbeiten möchte. Zwar hat das Team entschieden, daß die abgesprochenen und nun gültigen Schwerpunkte wie erörtert gültig werden, doch habe ich eine ganz andere Meinung. Mir ist im Laufe der Arbeitswoche aufgefallen, daß ich diese Richtung nicht mittragen will, so daß meine Entscheidung der Kündigung feststeht. Ich sage das ohne (!) Wut oder Trauer. Eigentlich habe ich immer schon gemerkt, daß ich in diese Einrichtung nicht hineinpasse. Meine Ausbildung liegt schon 25 Jahre zurück, und da waren andere Inhalte gesetzt. Umstellen werde ich mich nicht. Bestimmt gibt es andere Kindergärten, wo ich zufriedener sein werde." (Bente, Lübeck)

Bei der Erarbeitung von individuellen Einrichtungskonzeptionen kommt es schon vor, daß durch die klaren Inhaltsbestimmungen verdeckte, schon längere Zeit zurückliegende „Geheimnisse" aufgedeckt werden. Dies ist sicherlich im Sinne einer Klärung nicht schlimm – im Gegenteil: Es kommt nicht darauf an, eine Harmonie zu pflegen, sondern eine Auseinandersetzung an den Stellen zu führen, wo sie notwendig sind. Dadurch entwickelt eine Einrichtung ihr Profil – unverwechselbar und klar. Und dieses Profil – griffig und faßbar – ist in der Einrichtungskonzeption niedergeschrieben.

Ich wünsche Ihnen allen eine hohe Motivation, das Wagnis einer Konzeptionserarbeitung/-überarbeitung einzugehen, die Freude einer konstruktiven Auslegung zu spüren, die Lust an einer inhaltlichen Auseinandersetzung zu erleben und den Stolz, eine gelungene KONZEPTION zu lesen, in der SIE zur Autorin geworden sind.

7. Literaturhinweise

Becker-Textor, I.: Stichworte: Pädagogische Konzepte – Entscheidungskriterien – gesetzliche Grundlagen. In: KiTa aktuell (Ausgabe Baden-Württemberg). Carl Link Verlag, November 1994, Heft 11

Bergst, A.: Konzeptionserstellung – gemeinsam haben wir es geschafft! In: KiTa aktuell (Ausgabe Niedersachsen, Schleswig-Holstein, Hamburg, Bremen). Carl Link Verlag, Dezember 1994, Heft 12

Ev. Landesverband – Tageseinrichtungen für Kinder – in Württemberg e.V. Stuttgart in Zusammenarbeit mit dem Verein Evang. Ausbildungsstätten für Sozialpädagogik e.V. Stuttgart (Hrsg.): Konzeptionelle Überlegungen für die Arbeit in Tageseinrichtungen für Kinder. Stuttgart 1994

Fichtner, Heinz-Lothar: Bausteine für eine Konzeption. Erster Baustein: Zehn Schritte zum Ziel. In: KiTa aktuell (Ausgabe Niedersachsen, Schleswig-Holstein, Hamburg, Bremen). Carl Link Verlag, Oktober 1993, Heft 2

Fichtner, Heinz-Lothar: Bausteine für eine Konzeption. Zweiter Baustein: Aufbau und Gliederung (1). In: KiTa aktuell (Ausgabe Niedersachsen, Schleswig-Holstein, Hamburg, Bremen). Carl Link Verlag, Januar 1994, Heft 1

Fichtner, Heinz-Lothar: Bausteine für eine Konzeption. Dritter Baustein: Aufbau und Gliederung (2). In: KiTa aktuell (Ausgabe Niedersachsen, Schleswig-Holstein, Hamburg, Bremen). Carl Link Verlag, Mai 1994, Heft 5

Fichtner, Heinz-Lothar: Bausteine für eine Konzeption. Vierter Baustein: Methodisches Arbeiten in der KiTa. In: KiTa aktuell (Ausgabe Niedersachsen, Schleswig-Holstein, Hamburg, Bremen). Carl Link Verlag, September 1994, Heft 9

Grah, A./Horn, H.A./Zimmer, J./Weiss-Zimmer, E./Trescher, S.: Unterschiedliche Konzeptionen der Kindergartenpädagogik. In: Theorie und Praxis der Sozialpädagogik (TPS), Bielefeld. Heft 5/1985

Huppertz, N.: Schwarz auf weiß. Praktische Hilfen zur Erstellung einer Konzeptionsschrift. In: kindergarten heute. Verlag Herder, Freiburg, Heft 9/95

Irskens, B. und Preissing, Chr.: Damit wir wissen, was wir tun. Methoden zur Erstellung eines pädagogischen Konzeptes im Team. Materialien für die sozialpädagogische Praxis (MSP) 15. Deutscher Verein für öffentliche und private Fürsorge, Frankfurt 1987

Kokigei, M./Teigeler, U.: Wie entsteht eine Konzeption? Handreichung für Erarbeitung einer Kindertagesstättenkonzeption. Haus am Rupenhorn, Berlin (o.J.)

Krenz, A.: Erarbeitung einer Konzeption für Kindergärten und Tagesstätten – Ein mühevoller Weg, der sich immer lohnt. In: Handbuch für ErzieherInnen in Krippe, Kindergarten, Vorschule und Hort. moderne verlagsgesellschaft mbh, München, 14. Nachlieferung 1987

Krenz, A.: Erarbeitung einer Einrichtungskonzeption. Eine Entscheidung, die sich immer lohnt. In: kindergarten heute. Verlag Herder, Freiburg, Heft 3/93

TPS (Theorie und Praxis der Sozialpädagogik) – In Zusammenarbeit mit dem Diakonischen Werk EKD und dem Rheinischen Verband Evangelischer Tageseinrichtungen: Heft 4/91. Luther-Verlag, Bielefeld. Profilierung Evangelischer Kindertagesstätten-Konzepte, Beispiele – Hindernisse

Walther, H.: Wenn ich genauer weiß, was ich will, bin ich weniger abhängig. Vom langen, aber lohnenden Weg zu einer eigenen Konzeption. In: Theorie und Praxis der Sozialpädagogik (TPS), Bielefeld, Heft 5/1985.

Wegschneider, E.: Wir brauchen eine Konzeption. In: kinder – das journal des kindergartens. Junior-Verlag, Hamburg, Heft 4/Mai 1995

Hinter vielem, was Kinder tun, verbirgt sich eine ganze Welt. Wenn Eltern wissen und verstehen, wie Kinder wirklich sind, profitieren beide Seiten. Eine Einführung in die Innenwelt des Kindes, die sensibel macht für ihre vielfältigen Ausdrucksformen und so helfen kann, Fähigkeiten besser zu entfalten.

160 Seiten, Paperback
ISBN 3-451-04209-6

Kinderfragen haben meist eine tiefere Bedeutung, die auf den ersten Blick verborgen bleibt. Wer lernt die leisen Zwischentöne zu verstehen und sensibel darauf zu reagieren, nutzt eine wichtige Chance, um Kindern wirklich nahe zu sein. Armin Krenz beschreibt sachkundig was hinter Kinderfragen stecken kann und zeigt Wege zu einem neuen, sensiblen Verstehen, von dem Kinder und Erziehende gemeinsam profitieren können.

160 Seiten, Paperback
ISBN 3-451-04357-2

HERDER / SPEKTRUM

Armin Krenz

Armin Krenz

Kinder in ihrer Bildsprache verstehen

Armin Krenz

Was Kinder-zeichnungen erzählen

Kinderzeichnungen gewähren einen Blick in die Seelen der Kinder. Der erfahrene Therapeut und Pädagoge Armin Krenz erklärt die Symbole und Farben und gibt den Eltern so einen Schlüssel an die Hand zum Verständnis der kindlichen Botschaften. Er erläutert, welche Art der Darstellung jeweils altersgemäß ist, zeigt aber auch, wie sich Probleme des Kindes in seinen Bildern ausdrücken. So können die Botschaften aus der Kinderseele besser verstanden werden. Ein Standardbuch für Eltern und Erziehende.

192 Seiten mit 8 Farbtafeln und zahlreichen s/w Abbildungen, Klappenbroschur
ISBN 3-451-23695-0

HERDER

Theoretische Grundlagen aus Psychologie und Pädagogik, sowie praktische Umsetzungsmöglichkeiten: Ein wichtiger Ratgeber für die Arbeit im Kindergarten.

144 Seiten, Paperback
ISBN 3-451-20128-3

Armin Krenz/Heidi Rönnau

Entwicklung und Lernen im Kindergarten

Psychologische Aspekte und pädagogische Hinweise für die Praxis

praxisbuch kindergarten

Herder

Die Sorge der Erzieherln um das Wohl des Kindes, ihr Wunsch, das Beste zu geben und die kindlichen Grundbedürfnisse zu achten, sind die Basis, auf der Armin Krenz sein Buch entwickelt. Sein Postulat: Liebevolle Entwicklungsbegleitung statt Erziehung.

96 Seiten, Paperback
ISBN 3-451-23576-5

HERDER

Erzieherin heute

Armin Krenz

Was Kinder brauchen

Entwicklungsbegleitung im Kindergarten

HERDER

Armin Krenz

Armin Krenz

Armin Krenz

Handbuch Öffentlichkeits- arbeit

Professionelle Selbstdarstellung für Kindergarten, Kindertagesstätte und Hort

HERDER

Kindergärten haben einen eigenständigen Erziehungs-, Bildungs-, und Betreuungsauftrag und nehmen einen Stellenwert im Bildungssystem ein, der für die kindliche Entwicklung von unschätzbarer Bedeutung ist. Wie kann es nun gelingen, die Öffentlichkeit von der Bedeutung der Kindergartenarbeit zu überzeugen und so zur Lobby zum Wohle des Kindes zu machen? Armin Krenz stellt in diesem Buch die Grundlagen einer qualifizierten Öffentlichkeitsarbeit vor. Darüber hinaus bietet das Buch praktische Hinweise, die ErzieherInnen Mut machen, den Status quo ihrer Öffentlichkeitsarbeit kritisch zu durchleuchten und neue Formen zu wagen.

240 Seiten, gebunden
ISBN 3-451-26393-9

HERDER